国家社会科学基金（教育学）重大项目（VDA200004）阶段性研究成果
北京外国语大学"双一流"建设标志性项目（BW202018）阶段性研究成果

"一带一路"国家文化教育大系　　　　　总主编　王定华

肯尼亚
文化教育研究

Kenya
Culture and Education

李佳宇　万秀兰　著

外语教学与研究出版社
FOREIGN LANGUAGE TEACHING AND RESEARCH PRESS
北京 BEIJING

图书在版编目（CIP）数据

肯尼亚文化教育研究 / 李佳宇，万秀兰著. —— 北京：外语教学与研究出版社，
2022.9（2023.10 重印）
（"一带一路"国家文化教育大系 / 王定华总主编）
ISBN 978-7-5213-3947-5

I. ①肯… II. ①李… ②万… III. ①教育研究－肯尼亚 IV. ①G542.4

中国版本图书馆 CIP 数据核字 (2022) 第 161711 号

出 版 人　王　芳
项目负责　孙凤兰　巢小倩
责任编辑　巢小倩
责任校对　孙凤兰
装帧设计　李　高
出版发行　外语教学与研究出版社
社　　址　北京市西三环北路 19 号（100089）
网　　址　https://www.fltrp.com
印　　刷　北京盛通印刷股份有限公司
开　　本　787×1092　1/16
印　　张　15.5　彩插 1 印张
版　　次　2022 年 10 月第 1 版 2023 年 10 月第 3 次印刷
书　　号　ISBN 978-7-5213-3947-5
定　　价　120.00 元

如有图书采购需求，图书内容或印刷装订等问题，侵权、盗版书籍等线索，请拨打以下电话或关注官方服务号：
客服电话：400 898 7008
官方服务号：微信搜索并关注公众号"外研社官方服务号"
外研社购书网址：https://fltrp.tmall.com

物料号：339470001

记载人类文明
沟通世界文化
www.fltrp.com

肯尼亚境内动物大迁徙

肯尼亚山上的攀登者

俯瞰首都内罗毕

蒙巴萨海边的商人

马赛市场的肥皂石工艺品

打磨木雕的匠人

马赛部落里的欢迎仪式

内罗毕的国际幼儿园

肯尼亚小学生在上学的路上

内罗毕的小学校园

小学生的课间活动

朱穆里高中校园

布鲁布鲁女子高中校门

内罗毕大学

内罗毕大学基库尤校区主楼

肯尼亚的大学课堂

技术中学的农业课

肯尼亚教育部办公楼

"把世界带给你"中肯公益画作活动

出版说明

2013 年 9 月 7 日，国家主席习近平提出共建"丝绸之路经济带"重大倡议。2013 年 10 月 3 日，习近平主席提出共建"21 世纪海上丝绸之路"重大倡议。两者合称"一带一路"倡议。以 2013 年金秋为起点，"一带一路"倡议作为构建人类命运共同体的伟大设想，在开拓和平、繁荣、开放、绿色、创新、文明之路的非凡征程中，孕育生机和活力，汇聚信心和期待，在世界范围内广受欢迎和响应。

文化交流、文明互鉴是构建人类命运共同体的人文基础。文化发展，教育先行。作为"共和国外交官的摇篮"、文化教育的主动践行者、"一带一路"倡议的踊跃响应者和构建人类命运共同体的积极参与者，北京外国语大学在党委书记王定华教授的带领下，放眼世界，找准坐标，勇于担当，主动作为，深耕文化教育相关领域，研究、策划并组织编写了"一带一路"国家文化教育大系（以下简称大系）。国内相关高校和研究机构的众多专家学者献计献策，踊跃参加，形成了一个范围广泛、交流互动、共同进步的"一带一路"国家文化教育学术研究共同体。大系旨在填补国内相关研究领域的学术空白，实现"一带一路"国家教育研究全覆盖，为中国教育"走出去"和相关国家先进教育理念"请进来"提供科学理论和实践指导，具有重要的学术价值。同时，大系服务国家重大战略，通过分期分批出版，形成规模和品牌，向中国共产党建党一百周年和"一带一路"倡议提出十周年献礼，具有深远的意义。

作为国家社会科学基金（教育学）重大项目"新时代提升中国参与全球教育治理的能力及策略研究"、北京外国语大学"双一流"建设标志性项目"'一带一路'国家文化教育研究"的课题研究成果和北京外国语大学党委的"奋进之举"，大系秉承学术性与可读性兼顾的原则，对"一带一路"国家文化教育理论与实践问题展开深入研究，从国情概览、文化传统、教育历史、学前教育、基础教育、高等教育、职业教育、成人教育、教师教育、教育政策、教育行政、教育交流等方面，全景擘画"一带一路"国家的教育风貌，帮助读者了解"一带一路"国家教育的历史与现状、经验与特点，为我国教育的发展和对外交流合作提供有益的借鉴、思考与启迪。

肆虐全球的新冠肺炎疫情严重影响了各国人民的生产生活，带来了二战以来人类面临的最严重的全球性危机，同时也再次阐述了人类命运共同体深刻内涵的世界性意义。在疫情防控常态化背景下，大系所有专家学者不畏困难，齐心协力，直面挑战，守望相助，化危为机，切实履行了响应和支持"一带一路"倡议的承诺。在此，特别感谢大系总策划、总主编王定华教授，以及所有顾问、编委和作者的心血倾注、智慧贡献和努力付出。

外语教学与研究出版社对大系的编写和出版工作给予了高度重视。自2019年项目启动以来，外研社抽调精锐力量成立大系工作组，多次组织相关部门和人员召开选题论证会，商建编委会，召开全体作者大会，制订周密、科学的出版计划，以保证项目的顺利开展和图书的优质出版。目前，大系的出版工作已取得阶段性成果，预计在2023年"一带一路"倡议提出十周年之前，将分期分批推出数量和规模可观的、具有相当科研价值和学术价值的系列专著。期望大系的编写和出版能为"一带一路"建设、中外教育交流及我国文化教育发展发挥基础性、服务性、广远性的作用。

外语教学与研究出版社
2021 年 4 月

总　序

王定华

　　改革开放以来，中国各项事业取得了巨大成就。中国经济和世界经济高度关联，中国一以贯之地坚持对外开放的基本国策，构建全方位开放新格局，深度融入世界经济体系。2013 年 9 月和 10 月，习近平主席在出访中亚和东南亚国家期间，先后提出共建"丝绸之路经济带"和"21 世纪海上丝绸之路"的重大倡议（以下简称"一带一路"倡议），得到国际社会的高度关注。其中，"丝绸之路经济带"东边牵着亚太经济圈，西边系着发达的欧洲经济圈，是世界上最长、最具发展潜力的经济大走廊；"21 世纪海上丝绸之路"串起连通东盟、南亚、西亚、北非、欧洲等各大经济板块的市场链，发展面向南海、太平洋和印度洋的战略合作经济带，以亚欧非经济贸易一体化为发展的长期目标。

一、精准把握"一带一路"倡议的时代意蕴

　　"经济带"概念是对地区经济合作模式的创新。其中经济走廊涵盖中蒙

俄经济走廊、新亚欧大陆桥、中国–中亚–西亚经济走廊、孟中印缅经济走廊、中国–中南半岛经济走廊等，以经济增长极辐射周边，超越了传统发展经济学理论。"丝绸之路经济带"概念不同于历史上所出现的各类"经济区"与"经济联盟"，同后两者相比，经济带具有灵活性高、适用性广以及可操作性强的特点，各国都是平等的参与者，本着自愿参与、协同推进的原则，发扬古丝绸之路兼容并包的精神。

"一带一路"倡议是我国在新时代推进全方位对外开放的重要举措，为当今世界提供了一个充满东方智慧、实现共同发展的中国方案，也是对历史文化传统的高度尊重，凝聚了世界各国利益的最大公约数。丝绸之路是起始于古代中国，连接亚洲、非洲和欧洲的古代陆上商业贸易路线，最初的作用是运输古代中国出产的丝绸、瓷器等商品，后来成为东方与西方之间在经济、政治、文化等方面进行交流的主要通道。1877 年，德国地质、地理学家李希霍芬（F. P. W. Richthofen）在其著作《中国》一书中，把公元前 114 年至公元 127 年，中国与中亚、中国与印度间以丝绸贸易为媒介的这条西域交通道路命名为"丝绸之路"，这一名词很快为学术界和大众所接受，并正式运用。其后，德国历史学家赫尔曼（A. Herrmann）在 20 世纪初出版的《中国与叙利亚之间的古代丝绸之路》一书中，根据新发现的文物考古资料，进一步把丝绸之路延伸到地中海西岸和小亚细亚，并确定了丝绸之路的基本内涵，即它是中国古代与中亚、南亚、西亚以及欧洲、北非的陆上贸易交往通道。进入 21 世纪，海上丝绸之路也被纳入丝绸之路的涵盖范围，即从中国沿海港口过南海到印度洋并延伸至欧洲，从中国沿海港口过南海到南太平洋。随着时代的发展，"丝绸之路"成为古代中国与西方所有政治经济文化往来通道的统称。

推进"一带一路"建设既是中国扩大和深化对外开放的需要，也是加强和世界各国互利合作的需要，中国愿意承担更多责任和义务，为人类和平发展做出更大的贡献。文明交流互鉴是构建人类命运共同体的重要途径，是推动人类文明共同进步、实现世界和平发展的重要动力。共建"一带一路"要顺应世界多极化、经济全球化、文化多样化、社会信息化的潮流，秉持开放的区域合作精神，致力于推动"一带一路"各国实现经济政策协调，开展更大范围、更高水平、更深层次的区域合作，共同打造开放、包容、均衡、普惠的区域经济合作架构，维护全球自由贸易体系和开放型世界经济格局。

"一带一路"贯穿亚欧非大陆，一头是活跃的东亚经济圈，一头是发达的欧洲经济圈，中间广大腹地国家经济发展潜力巨大。根据"一带一路"走向，陆上依托国际大通道，以中心城市为支撑，以重点经贸产业园区为合作平台，共同打造新亚欧大陆桥以及中蒙俄、中国-中亚-西亚、中国-中南半岛等国际经济合作走廊；海上以重点港口为基点，共同建设通畅安全高效的运输大通道。

"一带一路"建设是有关国家开放合作的宏大经济愿景，需要各国携手努力，朝着互利互惠、共同安全的目标相向而行：努力实现区域基础设施更加完善，安全高效的陆海空通道网络基本形成，互联互通达到新水平；投资贸易便利化水平进一步提升，高标准自由贸易区网络基本形成，经济联系更加紧密，政治互信更加深入；人文交流更加广泛深入，不同文明互鉴共荣，各国人民相知相交、和平友好。

"一带一路"倡议是具有开放性和包容性的友好建议。当今世界是一个开放的世界，开放带来进步，封闭导致落后。中国认为，只有开放才能发现机遇、抓住并用好机遇、主动创造机遇，才能实现国家的奋斗目标。"一带一路"倡议就是要把世界的机遇转变为中国的机遇，把中国的机遇转变为世界的机遇。正是基于这种认知与愿景，"一带一路"倡议以开放为导向，冀望通过加强交通、能源和网络等基础设施的互联互通建设，促进经济要素有序自由流动、资源高效配置和市场深度融合，开展更大范围、更高水平、更深层次的区域合作，打造开放、包容、均衡、普惠的区域经济合作架构，以此来解决经济增长和平衡问题。"一带一路"倡议的开放包容性是区别于其他区域性经济倡议的一个突出特点。

"一带一路"倡议是超越地缘政治的务实合作的广阔平台。"和平合作、开放包容、互学互鉴、互利共赢"的丝路精神是人类共有的历史财富，"一带一路"倡议就是秉承这一精神与原则提出的新时代重要倡议，通过加强相关国家间的全方位多层面交流合作，充分发掘与发挥各国的发展潜力与比较优势，形成互利共赢的区域利益共同体、命运共同体和责任共同体。在这一机制中，各国是平等的参与者、贡献者、受益者。因此，"一带一路"倡议从一开始就具有平等性、和平性特征。平等是中国坚持的重要国际准则，也是"一带一路"建设的关键基础。只有建立在平等基础上的合作才能是持久的合作，也才会是互利的合作。"一带一路"倡议平等包容的合作特征为其推进减轻了阻力，提升了共建效率，有助于国际合作真正"落地生根"。同时，"一带一路"建设离不开和平安宁的国际环境和地区环境，和平是"一带一路"建设的本质属性，也是保障其顺利推进所不可或缺的重要因素。这些就决定了"一带一路"倡议不应该也不可能沦为大国政治较量的工具，更不会重复地缘博弈的老路。

"一带一路"倡议是政府、企业、团体共同发力的项目载体。"一带一路"建设是在双边或多边联动基础上通过具体项目加以推进的，是在进行充分政策沟通、战略对接以及市场运作后形成的发展倡议与规划。2017年5月发布的《"一带一路"国际合作高峰论坛圆桌峰会联合公报》强调了建设"一带一路"的合作原则，其中就包括市场运作原则，即充分认识市场作用和企业主体地位，确保政府发挥适当作用，政府采购程序应开放、透明、非歧视。可见，"一带一路"建设的核心主体与支撑力量并不是政府，而是企业，根本方法是遵循市场规律，并通过市场化运作模式来实现参与各方的利益诉求，政府在其中发挥构建平台、创立机制、政策引导等指向性、服务性功能。

"一带一路"倡议是与现有相关机制对接互补的有益渠道。参与"一带一路"建设的国家要素禀赋各异，比较优势差异明显，互补性很强。有的国家能源资源富集但开发力度不够，有的国家劳动力充裕但就业岗位不足，有的国家市场空间广阔但产业基础薄弱，有的国家基础设施建设需求旺盛但资金紧缺。我国目前经济总量居全球第二，外汇储备居全球第一，优势产业越来越多，基础设施建设经验丰富，装备制造能力强、质量好、性价比高，具备资金、技术、人才、管理等综合优势。这就为我国与其他"一带一路"建设参与方实现产业对接与优势互补提供了现实可能与重大机遇。因而，"一带一路"倡议的核心内容就是要加强基础设施建设和促进互联互通，对接各国政策和发展战略，以便深化务实合作，促进协调联动发展，实现共同繁荣。由此可见，"一带一路"倡议不是对现有地区合作机制的替代，而是与现有机制互为助力、相互补充。实际上，"一带一路"建设已经与俄罗斯主导的欧亚经济联盟、印尼全球海洋支点发展规划、哈萨克斯坦光明之路经济发展战略、蒙古国草原之路倡议、欧盟欧洲投资计划、埃及苏伊士运河走廊开发计划等实现了对接与合作，并形成了一批标志性项目，如中哈（连云港）物流合作基地。作为新亚欧大陆桥经济走廊建设成果之一，中哈（连云港）物流合作基地初步实现了深水大港、远洋干线、中欧班列、物流场站的无缝对接。该项目与哈萨克斯坦光明之路经济发展战略高度契合。

"一带一路"倡议是促进人文交流的沟通桥梁。"一带一路"倡议跨越不同区域、不同文化、不同宗教信仰，但它带来的不是文明冲突，而是各文明间的交流互鉴。"一带一路"倡议在推进基础设施建设、加强产能合作与发展战略对接的同时，也将"民心相通"作为工作重心之一。民心相通是"一带一路"建设的社会根基。民心相通就是要传承和弘扬丝绸之路友好合作精神，广泛进行文化交流、学术交流、人才交流往来、媒体合作、青年和妇女交往、志愿者服务等，为深化双边和多边合作奠定坚实的民意基础。一是扩大相互间留学生规模，开展合作办学；国家间互办文化年、艺术节、电影节、电视周和图书展等活动，深化国家间人才交流合作。二是加强旅游合作，扩大旅游规模，联合打造具有丝绸之路特色的国际精品旅游线路和旅游产品。三是强化与周边国家在传染病疫情信息沟通、防治技术交流、专业人才培养等方面的合作，提高合作处理突发公共卫生事件的能力。四是加强科技合作，共建联合实验室（研究中心）、国际技术转移中心、海上合作中心，促进科技人员交流，合作开展重大科技攻关，共同提升科技创新能力。五是整合现有资源，开拓和推进参与国家在青年就业、创业培训、职业技能开发、社会保障管理服务、公共行政管理等共同关心领域的务实合作。六是充分发挥政党、议会交往的桥梁作用，加强国家之间立法机构、主要党派和政治组织的友好往来，互结友好城市。七是加强各国民间组织的交流合作，重点面向基层民众，广泛开展教育、医疗、减贫开发、生物多样性和生态环保等主题的各类公益慈善活动，改善贫困地区生产生活条件；加强文化传媒领域的国际交流合作，积极利用网络平台，运用新媒体工具，塑造和谐友好的文化生态和舆论环境；通过强化民心相通，弘扬丝绸之路精神，开展智力丝绸之路、健康丝绸之路等建设，在科学、教育、文化、卫生、民间交往等领域广泛合作，使"一带一路"建设的民意基础更为坚实，社会根基更加牢固。"一带一路"建设就是要以文明交流超越文明隔阂，以文明互鉴超越文明冲突，以文明共存超越文明优越，为相关国家人民加强交流、增进理解搭起新的桥梁，为不同文化和文明加强对话、交流互鉴织就新的纽带，推动各国相互理解、相互尊重、相互信任。

"一带一路"是促进共同发展、实现共同繁荣的友谊之路。共建"一带一路"旨在促进各国发展战略的对接和耦合，有利于发掘区域市场的潜力，推动经济要素有序自由流动、资源高效配置和市场深度融合，促进投资和消费，创造需求和就业，增进各国人民的人文交流与文明互鉴，从而让各国人民相逢相知、互信互敬，共享和谐、安宁、富裕的生活。共建"一带一路"符合国际社会的根本利益，彰显了人类社会的共同理想和美好追求，是国际合作及全球治理新模式的积极探索，将为世界和平发展增添新的正能量。中国政府倡议秉持和平合作、开放包容、互学互鉴、互利共赢的理念，全方位推进务实合作，打造政治互信、经济融合、文化包容的利益共同体、命运共同体和责任共同体。

"一带一路"倡议已经得到世界上众多国家和地区的积极响应，成为维护全球自由贸易体系和开放型世界经济的重要支撑。截至 2021 年 1 月 30 日，中国已经同 171 个国家和国际组织签署 205 份共建"一带一路"合作文件。[1] 特别是 2017 年 5 月第一届"一带一路"国际合作高峰论坛、2019 年 4 月第二届"一带一路"国际合作高峰论坛和 2019 年 5 月亚洲文明对话大会的成功举办，充分彰显了我国开放、包容的大国外交风范。在此背景下，我们一方面应致力于向世界介绍中国，推动中国文化"走出去"，讲好中国故事；另一方面也应加强对"一带一路"国家的历史、文化、语言、教育、艺术等方面的介绍和研究，让中国人民更多地了解"一带一路"国家的具体国情，特别是文化传统和教育体系。

"一带一路"倡议合作范围不断扩大，合作领域愈加广阔。它不仅给参与各方带来了实实在在的合作红利，也为世界贡献了应对挑战、创造机遇、强化信心的智慧与力量。

当今世界，新冠肺炎疫情带来诸多挑战，局部战争风险依然存在，经济增长动能不足，"逆全球化"思潮涌动，地区动荡持续，恐怖主义蔓延。和平赤字、发展赤字、治理赤字带来的严峻问题，已摆在全人类面前。这充分说明现有的全球治理体系面临结构性问题，亟须找到新的破解之策与应对方略。作为一个新兴大国，中国有能力、有意愿同时也有责任为完善全球治理体系贡献智慧与力量。面对新挑战、新问题、新情况，中国给出

---

[1] 中国一带一路网. 我国已签署共建"一带一路"合作文件 205 份 [EB/OL]. （2021-01-30）[2021-02-23]. https://www.yidaiyilu.gov.cn/xwzx/gnxw/163241.htm.

的全球治理方案是：构建人类命运共同体，实现共赢共享。"一带一路"倡议正是朝着这个目标努力的具体实践。"一带一路"倡议强调各国的平等参与、包容普惠，主张携手应对世界经济面临的挑战，开创发展新机遇，谋求发展新动力，拓展发展新空间，共同朝着人类命运共同体方向迈进。正是本着这样的原则与理念，"一带一路"倡议针对各国发展的现实问题和治理体系的短板，创立了亚洲基础设施投资银行、丝路基金等新型国际机制，构建了多形式、多渠道的交流合作平台。这既能缓解当今全球治理机制代表性、有效性、及时性难以适应现实需求的困境，在一定程度上扭转公共产品供应不足的局面，提振国际社会参与全球治理的士气与信心，又能满足发展中国家尤其是新兴市场国家变革全球治理机制的现实要求，大大增强了新兴国家和发展中国家的话语权，是推进全球治理体系朝着更加公正合理方向发展的重大突破。

"一带一路"倡议涵盖了发展中国家与发达国家，实现了"南南合作"与"南北合作"的统一，有助于推动全球均衡可持续发展。"一带一路"建设以基础设施建设为着眼点，促进经济要素有序自由流动，推动中国与相关国家的宏观政策的对接与协调。对于参与"一带一路"建设的发展中国家来说，这是一次搭中国经济发展"快车""便车"，实现自身工业化、现代化的历史性机遇，有利于推动"南南合作"的广泛展开，同时也有助于增进"南北对话"，促进"南北合作"的深度发展。不仅如此，"一带一路"倡议的理念和方向同联合国《2030 年可持续发展议程》也高度契合，完全能够加强对接，实现相互促进。联合国秘书长古特雷斯表示，"一带一路"倡议与《2030 年可持续发展议程》都以可持续发展为目标，都试图提供机会、全球公共产品和双赢合作，都致力于深化国家和区域间的联系。

二、深入推动"一带一路"国家的教育交流

2020 年 6 月印发的《教育部等八部门关于加快和扩大新时代教育对外开放的意见》指出，教育对外开放是教育现代化的鲜明特征和重要推动力，要以习近平新时代中国特色社会主义思想为指导，坚持教育对外开放不动摇，主动加强同世界各国的互鉴、互容、互通，形成更全方位、更宽领域、更多层次、更加主动的教育对外开放局面。

教育为国家富强、民族繁荣、人民幸福之本，在共建"一带一路"中具有基础性和先导性作用。教育交流为各国民心相通架设桥梁，人才培养为各国政策沟通、设施联通、贸易畅通、资金融通提供支撑。各国间教育交流源远流长，教育合作前景广阔，大家携手发展教育，合力共建"一带一路"，是造福各国人民的伟大事业。推进"一带一路"国家教育共同繁荣，既是加强与各国教育互利合作的需要，也是推进中国教育改革发展的需要，中国愿意在力所能及的范围内承担更多责任和义务，为区域教育大发展做出更大的贡献。

（一）教育合作的原则

"一带一路"国家教育合作应遵循四个重要原则。

一是育人为本，人文先行。加强合作育人，提高区域人口素质，为共建"一带一路"提供人才支撑。坚持人文交流先行，建立区域人文交流机制，搭建民心相通桥梁。

二是政府引导，民间主体。政府加强沟通协调，整合多种资源，引导教育融合发展。发挥学校、企业及其他社会力量的主体作用，活跃教育合作局面，丰富教育交流内涵。

三是共商共建，开放合作。坚持共商、共建、共享，推进各国教育发

展规划相互衔接，实现各国教育融通发展、互动发展。

四是和谐包容，互利共赢。加强不同文明之间的对话，寻求教育发展最佳契合点和教育合作最大公约数，促进各国在教育领域互利互惠。

（二）教育合作的重点

"一带一路"各国教育特色鲜明、资源丰富、互补性强、合作空间巨大。中国将以基础性、支撑性、引领性三方面举措为建议框架，开展三方面重点合作，对接各国意愿，互鉴先进教育经验，共享优质教育资源，全面推动各国教育提速发展。

1. 开展教育互联互通合作

一是加强教育政策沟通。开展"一带一路"国家教育法律、政策协同研究，构建各国教育政策信息交流通报机制，为各国政府推进教育政策互通提供决策建议，为各国学校和社会力量开展教育合作交流提供政策咨询。积极签署双边、多边和次区域教育合作框架协议，制定各国教育合作交流国际公约，逐步疏通教育合作交流政策性瓶颈，实现学分互认、学位互授联授，协力推进教育共同体建设。

二是助力教育合作渠道畅通。推进"一带一路"国家间签证便利化，扩大教育领域合作交流，形成往来频繁、合作众多、交流活跃、关系密切的携手发展局面。鼓励有合作基础、相同研究课题和发展目标的学校缔结姊妹关系，逐步深化和拓展教育合作交流。举办校长论坛，推进学校间开展多层次、多领域的务实合作。支持高等学校依托优势学科和专业，建立"产学研用"相结合的国际合作联合实验室（研究中心）、国际技术转移中心，共同应对各国在经济发展、资源利用、生态保护等方面面临的重大挑战与机遇。打造"一带一路"国家学术交流平台，吸引各国专家学者、青年学生开展研究和学术交流。推进"一带一路"国家优质教育资源共享。

三是促进语言互通。研究构建语言互通协调机制，共同开发语言互通开放课程，逐步将国家语言课程纳入各国的学校教育课程体系。拓展政府间语言学习交换项目，联合培养、相互培养高层次语言人才。发挥外国语院校人才培养优势，推进基础教育多语种师资队伍建设和外语教育教学工作。扩大语言学习国家公派留学人员规模，倡导各国与中国院校合作在华开办本国语言专业。支持更多社会力量助力孔子学院和孔子课堂建设，加强汉语教师和汉语教学志愿者队伍建设，全力满足不同国家的汉语学习需求。

四是推进民心相通。鼓励学者开展或合作开展中国课题研究，增进各国对中国发展模式、国家政策、教育文化等各方面的理解。建设国别和区域研究基地，与对象国合作开展经济、政治、教育、文化等领域研究。逐步将理解教育课程、丝路文化遗产保护纳入各国中小学教育课程体系，加强青少年对不同国家文化的理解。加强"丝绸之路"青少年交流，注重通过志愿服务、文化体验、体育竞赛、创新创业活动和新媒体社交等途径，增进不同国家青少年对其他国家文化的理解。

五是推动学历学位认证标准联通。推动落实联合国教科文组织《亚太地区承认高等教育资历公约》，支持联合国教科文组织建立世界范围学历互认机制，实现区域内双边、多边学历学位关联互认。呼吁各国完善教育质量保障体系和认证机制，加快推进本国教育资历框架开发，助力各国学习者在不同种类和不同阶段教育之间进行转换，促进终身学习社会的建设。共商、共建区域性职业教育资历框架，逐步实现就业市场的从业标准一体化。探索建立各国教师专业发展标准，促进教师流动。

2．开展人才培养培训合作

一是实施"丝绸之路"留学推进计划。设立"丝绸之路"中国政府奖学金，为各国专项培养行业领军人才和优秀技能人才。全面提升来华留学人才培养质量，把中国打造成为深受各国学子欢迎的留学目的地。以国家公派留学为引领，推动更多中国学生到"一带一路"其他国家留学。坚持"出国留学和来华留学并重、公费留学和自费留学并重、扩大规模和提高质量并重、依法管理和完善服务并重、人才培养和发挥作用并重"，完善全链条的留学人员管理服务体系，保障平安留学、健康留学、成功留学。

二是实施"丝绸之路"合作办学推进计划。有条件的中国高等学校开展境外办学要集中优势学科，选好合作契合点，做好前期论证工作，构建科学的人才培养模式、运行管理模式、服务当地模式、公共关系模式，使学校顺利落地生根、开花结果。发挥政府引领、行业主导作用，促进高等学校、职业院校与行业企业深度产教融合。鼓励中国优质职业教育配合高铁、电信运营等行业企业"走出去"，探索开展多种形式的境外合作办学，合作设立职业院校、培训中心，合作开发教学资源和项目，开展多层次职业教育和培训，培养当地急需的各类"一带一路"建设者。整合资源，积极推进与各国在青年就业培训等共同关心领域的务实合作。倡议国家之间开展高水平合作办学。

三是实施"丝绸之路"师资培训推进计划。开展"丝绸之路"教师培训，加强先进教育经验交流，提升区域教育质量。加强"丝绸之路"教师交流，推动各国校长交流访问、教师及管理人员交流研修，推进优质教育模式在各国的互学互鉴。大力推进各国优质教学仪器设备、教材课件和整体教学解决方案的输出，跟进教师培训工作，促进各国教育资源和教学水平均衡发展。

四是实施"丝绸之路"人才联合培养推进计划。推进国家间的研修访学活动。鼓励各国高等院校在语言、交通运输、建筑、医学、能源、环境工程、水利工程、生物科学、海洋科学、生态保护、文化遗产保护等国家发展急需的专业领域联合培养学生，推动联盟内或校际教育资源共享。

3. 共建丝路合作机制

一是加强"丝绸之路"人文交流高层磋商。开展国家间的双边、多边人文交流高层磋商，商定"一带一路"教育合作交流总体布局，协调推动各国建立教育双边和多边合作机制、教育质量保障协作机制和跨境教育市场监管协作机制，统筹推进"一带一路"教育共同行动。

二是充分发挥国际合作平台作用。发挥上海合作组织、东亚峰会、亚太经合组织、亚欧会议、亚洲相互协作与信任措施会议、中阿合作论坛、东南亚教育部长组织、中非合作论坛、中巴经济走廊、孟中印缅经济走廊、中蒙俄经济走廊等现有双边、多边合作机制的作用，增加教育合作的新内涵。借助联合国教科文组织等国际组织力量，推动各国围绕实现世界教育发展目标形成协作机制。充分利用中国–东盟教育交流周、中日韩大学交流合作促进委员会、中阿大学校长论坛、中非高校20+20合作计划、中日大学校长论坛、中韩大学校长论坛、中俄综合性大学联盟等已有平台，开展务实的教育合作交流。支持在共同区域、有合作基础、具备相同专业背景的学校组建联盟，不断延展教育务实合作平台。

三是实施"丝绸之路"教育援助计划。发挥教育援助在"一带一路"教育共同行动中的重要作用，逐步加大教育援助力度，重点投资于人、援助于人、惠及于人。发挥教育援助在"南南合作"中的重要作用，加大对相关国家尤其是最不发达国家的支持力度。统筹利用国家、教育系统和民间资源，为相关国家培养培训教师、学者和各类技能人才。积极开展优质教学仪器设备、整体教学方案、配套师资培训一体化援助。加强中国教育培训中心和教育援外基地建设。倡议各国建立政府引导、社会参与的多元

化经费筹措机制，通过国家资助、社会融资、民间捐赠等渠道，拓宽教育
经费来源，做大教育援助格局，实现教育共同发展。

三、精心组织"一带一路"国家文化教育大系的编著出版

在编写"一带一路"国家文化教育大系过程中，应当全面了解国内外对"一带一路"倡议的响应情况，关注进展，总结做法；应当在新冠肺炎疫情得到控制后到对象国去走一走，看一看，实地感受其教育情况和发展变化；应当广泛收集对象国一手资料，认真阅读，消化分析，吐故纳新；应当多方检索专家学者已经开展的相关研究，虚心参阅已有的研究成果。肆虐全球的新冠肺炎疫情，给人类身体健康和生命安全带来了巨大威胁，对世界格局和世界治理体系产生了重大影响，给全球各行各业带来了巨大挑战。教育置身其间，影响十分明显。因而，对"一带一路"国家文化教育进行研究时，必须观察分析疫情对相关国家文化教育和全球教育治理的深刻影响。

"一带一路"倡议提出后，中外已形成多个"一带一路"多边大学联盟。2015 年 5 月 22 日，由西安交通大学发起的新丝绸之路大学联盟成立，迄今已吸引 38 个国家和地区的 150 余所大学加盟。该联盟是海内外大学结成的非政府、非营利性的开放性、国际化高等教育合作平台，以"共建教育合作平台，推进区域开放发展"为主题，推动"新丝绸之路经济带"国家和地区大学之间在校际交流、人才培养、科研合作、文化沟通、政策研究、医疗服务等方面的交流与合作，增进青少年之间的了解和友谊，培养具有国际视野的高素质、复合型人才，服务"新丝绸之路经济带"及欧亚地区的发展建设。

2015 年 10 月 17 日，丝绸之路（敦煌）国际文化博览会筹委会文化传承创新高端学术研讨会在敦煌举行。中国的复旦大学、北京师范大学、兰州大

学和俄罗斯乌拉尔国立经济大学、韩国釜庆大学等 46 所中外高校在甘肃敦煌成立了"一带一路"高校战略联盟，以探索跨国培养与跨境流动的人才培养新机制，培养具有国际视野的高素质人才。46 所高校当日达成《敦煌共识》，联合建设"一带一路"高校国际联盟智库。联盟将共同打造"一带一路"高等教育共同体，推动"一带一路"国家和地区大学之间在教育、科技、文化等领域的全面交流与合作，服务"一带一路"国家和地区的经济社会发展。

2016 年 9 月，中国、中亚及丝绸之路经济带沿线 7 个国家的 51 所高校共同发起成立了中国–中亚国家大学联盟，旨在打造开放性、国际化互动平台，深化"一带一路"科教合作。

此外，高等教育合作研讨会也日渐增多，既有官方推动形成的研讨会，也有民间自发举办的研讨会。比如，中外大学校长论坛、新加坡–中国–印度高等教育论坛、"一带一路"教育对话论坛，以及北京师范大学举办的"一带一路"国家教育交流与合作高端研讨会，北京外国语大学举办的"一带一路"与行业国际化人才培养高峰论坛，北京理工大学主办的"一带一路"高等教育研究国际会议，浙江大学举办的"一带一路"背景下的工程科技人才培养国际研讨会等。这些多边研讨会的召开，不仅吸引了大量"一带一路"沿线国家的教育研究者与实践者参会，推动了研究与实践合作，而且创新了教育合作模式，促进了国际化高端人才培养，为"一带一路"建设奠定了民意基础。

"一带一路"倡议提出之后，中国学术界迅速开展了关于"一带一路"的研究活动，有关"一带一路"主题的图书主要有以下五类。第一类是倡议解读类图书，一般是梳理"一带一路"倡议的提出、发展及其理论内涵与外延。第二类是经济贸易类图书，专业性较强，主要为理论研究型图书。第三类是国情文史类图书，多为介绍"一带一路"国家国情概览、历史情况、发展概况的工具书，语言平实，部分图书学术性较强。第四类是丝路历史类图书，一般回顾古代丝绸之路的形成与发展、丝绸之路上的人物和大事记等，追古溯源，以便更好地开启"一带一路"新篇章。第五类是法律税收类图书，多为法律指引、税务规范手册等。

可以看出，国内对"一带一路"国家的研究已有一定基础，但是囿于语言翻译的障碍，已经出版的"一带一路"图书，大多是政策解读、数据报告、概况介绍等，对对象国的研究广度和深度还很不够，尤其是针对"一带一路"国家文化教育的系统研究还比较少。

在"一带一路"国家中，遴选具有代表性的对象，对其文化、教育进行系统性的研究，并在此基础上编写"一带一路"国家文化教育大系，分期分批出版，对于帮助中国普通读者和研究人员了解"一带一路"国家的文化教育情况，以及对于拓展我国比较教育研究领域、丰富比较教育研究文献，乃至对于促进中外文明互通、更好地参与推进"一带一路"建设，都具有重要意义。基于对选题背景与意义、相关出版产品调研和北京外国语大学比较优势的分析，"一带一路"国家文化教育大系坚持学术性、可读性兼顾原则，分批次推出，不断积累，以形成规模和品牌。

大系在内容上，一方面呈现"一带一路"国家的文化概貌，展示"一带一路"国家教育发展的文化背景和社会依托。大系采用专题形式，力求用简洁平实的语言生动活泼地介绍"一带一路"国家的自然地理、人文景观、历史发展、风土人情、文化遗产等内容，重点呈现对象国独有的文化现象和独特风貌，集中揭示其民族文化内涵、民族精神、人文意蕴。另一方面，大系重点研究、评价、介绍"一带一路"国家教育的基本情况、发展历史、发展战略、政策法规、现存体系、治理模式与师资队伍等，这方面内容占较大篇幅，是全书的重点和主要内容。

"一带一路"倡议正在成为我国参与全球开放合作、改善全球治理体系、促进全球共同发展繁荣、推动构建人类命运共同体的中国方案。作为国家社会科学基金（教育学）重大项目"新时代提升中国参与全球教育治理的能力及策略研究"的部分研究成果和北京外国语大学"双一流"建设重大标志性成果，"一带一路"国家文化教育大系计划在 2021 年中国共产党建党 100 周年和北京外国语大学建校 80 周年之际，推出首批图书。2023 年"一带一路"倡议提出 10 周年时，推出该项目二期成果。同时积极参与党和国家相关主题纪念活动，以及国家重大图书项目的申报评选工作。

北京外国语大学以外语见长，国际交往活跃，被誉为"共和国外交官的摇篮"，先后培养了 400 多位大使、2 000 多位参赞，以及更多的外交外事外贸工作者。凡是有五星红旗飘扬的地方，都能看到北外人的身影。北外不仅承担着培养各类国际化人才的任务，更担负着向中国介绍世界、向世界介绍中国的历史使命。迄今为止，北外已获批开设 101 种外国语言，成立了 37 个区域与国别研究中心，丰富的涉外资源正在助力"一带一路"国家的研究。

大系由外研社具体组织实施。外研社隶属北外，多年来致力于"一带一路"国家的合作交流，服务讲好"中国故事"，在中华思想文化传播、打造中外出版联盟、推动中外学术互译等方面积累了丰富经验，对于协助研究、编著、出版"一带一路"国家文化教育大系具有良好的工作基础。这也是北外及外研社的使命和担当之所在。

大系编著者以北外教师为主。服务国家重大战略，北外人责无旁贷。同时，国内有研究专长和研究意愿的专家学者也踊跃参与，他们或独自撰著一书，或与北外同仁合作。大系还邀请了驻外使领馆的同志和对象国的学者参加撰写或审稿，他们运用一手资料，开展实地调研，力图提升大系的准确性。

四、结语

"一带一路"倡议植根历史，更面向未来；源于中国，更属于世界。"一带一路"作为文明互鉴的桥梁，从亚欧大陆延伸到非洲、美洲、大洋洲，与世界各国发展战略及众多国际和地区组织的发展实现对接联通，在通路、通航的基础上更好地通商，进而开展文化教育交流与沟通，加强商品、资金、技术、文化、教育流通，达成互学互鉴的文明愿景。"一带一路"倡议的目标是中国与"一带一路"国家在互联互通基础上分享优质产能，共商项目投资，共建基础设施，共享合作成果，内容包括政策沟通、设施联通、贸易畅通、资金融通、民心相通"五通"。"一带一路"倡议肩负重大使命，它要探寻经济增长之道，将中国自身的产能优势、技术与资金优势、经验与模式优势转化为市场与合作优势，实行全方位开放，共享中国改革发展红利；它要实现全球化再平衡，鼓励向西开放，带动西部开发以及中亚、蒙古等内陆国家和地区的开发，在国际社会推行全球化的包容性发展理念，主动向西推广中国优质产能和比较优势产业，惠及沿途、沿岸国家，避免西方国家所开创的全球化造成的贫富差距和地区发展不平衡情况，推动建立持久和平、普遍安全、共同繁荣的和谐世界；它要开创地区新型合作，强调共商、共建、共享原则，超越了马歇尔计划和传统的对外援助活动，给 21 世纪的国际合作带来了新的理念。所以，新时代中国的教育学者应当将"一带一路"国家文化教育研究作为比较教育新的增长点，全面深入开展研究，以自己的聪明才智丰富学术，为国出力，服务国家重大发展战略；在加强与"一带一路"国家的交流合作中，推动"一带一路"建设高质量发展，努力建设高质量的中国教育体系，并积极参与全球教育治理体系改革，加快构建以国内大循环为主体、国际国内双循环相互促进的新发展格局。

2021 年春
于北京外国语大学

（王定华，北京外国语大学党委书记、博士、教授、博士生导师，国家督学。历任河南大学教师、中国驻纽约总领事馆教育领事、教育部基础教育一司司长、教育部教师工作司司长等。）

本书前言

肯尼亚位于东非高原，是东非共同体、非洲联盟成员之一，在政治、经济、文化教育等领域均具有重要战略地位。在政治方面，肯尼亚实行总统制，总统是国家元首和政府首脑；独立以来国家政局较稳定，积极参与地区和国际事务，大力推动地区政治、经济、教育一体化，与大部分国家保持着良好的外交关系。在经济方面，肯尼亚是东非工业和金融业较发达的国家之一，农业、服务业和工业是国民经济三大支柱，农产品、旅游、侨汇是三大创汇来源。在文化教育方面，肯尼亚政府高度重视教育，以五年规划指导教育发展，致力于普及学前教育、小学教育，正在实施能力本位的课程改革，促进教师队伍专业化发展。

1963 年 12 月 14 日，肯尼亚和中国建交。建交以来，两国关系发展顺利。近年来，中肯两国高层交往密切，政治互信不断增强，经贸合作成果丰硕，文化、教育、卫生等领域的交流合作全面展开，中肯友好关系成为中非合作、南南合作的典范。

"一带一路"国家文化教育大系之《肯尼亚文化教育研究》基于"一带一路"国家教育发展的大背景，介绍肯尼亚的基本国情，分析肯尼亚各级各类教育的发展情况，介绍教育政策及其成效，分析中肯教育交流的现状。本书共十二章：第一章和第二章分别介绍了肯尼亚的国情和文化传统；第三章介绍了肯尼亚教育的历史脉络及教育家；第四章到第九章结合最新统计数据，对肯尼亚学前教育、基础教育、高等教育、职业教育、成人教育、教师教育的发展及现状展开阐述，同时也对各级各类教育发展过程中表现出来的特点、面临的困境和挑战、肯尼亚的应对策略等进行介绍；第十章介绍肯尼亚近五年来重要的教育战略规划，分析肯尼亚教育政策的实施情况；第十一章主要从组织架构和职能两个方面介绍肯尼亚中央和地方教育行政管理体系，并分析中央和地方政府在教育政策方面的改革及其效果；第十二章梳理了中国和肯尼亚交流合作的历史和现状，总结了中肯两国教育交流合作的特点，并对中肯教育交流前景进行展望。本书由李佳宇和万秀兰共同完成。万秀兰撰写第一章，并对全书创作进行宏观把握和指导，李佳宇撰写第二章至第十二章并完成全书的统稿和修改工作。

感谢北京外国语大学党委书记、中国教育学会国际教育分会理事长、"一带一路"国家文化教育大系总主编王定华教授提供的专业指导、外语教学与研究出版社刘捷编审、孙凤兰编审、巢小倩副编审、姚希瑞编辑提供的专业帮助。感谢浙江师范大学博士研究生杨修平、张雯、施瑞、张雨洁等人为本书搜集的数据资料，感谢在肯华人组织"波布非洲"和华人摄影师牛晓鸽、自然为本书提供的部分图片资料。

本书撰写期间正值全球新冠肺炎疫情盛行，笔者没有机会前往肯尼亚开展实地调研，原始资料有限。本书在数据评述、发展研判等方面还存在不足，恳请各位专家学者和广大读者批评、指正。

李佳宇　万秀兰

2022 年 8 月

于浙江师范大学国际与比较教育研究院

目 录

第一章 国情概览

第一节 自然地理

一、地理位置与地形地貌

（一）地理位置

肯尼亚共和国（The Republic of Kenya），简称肯尼亚，首都为内罗毕。肯尼亚位于非洲东部，赤道横贯其中部，东非大裂谷纵贯其南北，总面积为 582 646 平方千米，领土面积居非洲国家第 24 位。北与埃塞俄比亚、南苏丹交界，南接坦桑尼亚，西连乌干达，东邻索马里，东南濒临印度洋，海岸线长 536 千米。[1]

（二）地形地貌

肯尼亚地形地貌复杂多样，大致可分为四类。

---

[1] 中华人民共和国外交部. 肯尼亚国家概况 [EB/OL]. [2022-04-24]. https://www.mfa.gov.cn/web/gjhdq_676201/gj_676203/fz_677316/1206_677946/1206x0_677948/.

第一类为高原和高山，海拔为 1 000—3 000 米，这类地形主要在肯尼亚中西部和肯尼亚山，约占肯尼亚国土面积的 20%。高原和高山地区具体划分为：东部高地，主要由肯尼亚山和阿伯德尔山脉组成；裂谷地区，主要是被东非大裂谷分支一分为二的地带，从北部图尔卡纳湖一直南下至肯尼亚与坦桑尼亚边境，长约 750 千米，宽约 60 千米；[1] 西部高地，即由裂谷断层地块形成的悬崖地带。肯尼亚山是非洲第二高峰，也是东非大裂谷中最大的死火山，峰顶终年积雪。肯尼亚山是肯尼亚基库尤族的族山，也是肯尼亚其他众多民族祭祀时朝拜的神山。

第二类为平原地区，这类地形主要在肯尼亚东南部，即肯尼亚与索马里和坦桑尼亚交界、临近印度洋的沿海狭长地带，长约 500 千米，宽 30—50 千米，平均海拔在 180 米以下，[2] 沿海有许多小港湾和岛屿。

第三类为荒漠和半荒漠地区，这类地形主要在肯尼亚北部和东北部区域，约占全国总面积的 56%，海拔在 180—2 000 米。[3] 该地区从滨海地区向西北延伸，海拔逐步升高，是由沉积岩形成的平坦台地和二级台地，地形较为复杂。该地区还有一些山脉和沙漠。

第四类为湖滨地区，这类地形主要在肯尼亚境内东非大裂谷沿线高原地带和维多利亚湖区域，约占全国总面积的 20%。该地区被湖群环抱，中间是辽阔而平坦的高原，偏北（即肯尼亚西南部与乌干达、坦桑尼亚接壤处）为维多利亚湖，维多利亚湖东部的维南湾切入肯尼亚内陆形成众多小港湾。

---

[1] 沈镭. 肯尼亚国家地理 [M]. 北京：科学出版社，2019：36.

[2] 沈镭. 肯尼亚国家地理 [M]. 北京：科学出版社，2019：35-36.

[3] 沈镭. 肯尼亚国家地理 [M]. 北京：科学出版社，2019：37.

二、水文与气候

（一）水文

肯尼亚是东非地区湖泊分布较密集、河流较多的国家之一，其境内主要有两大湖泊。一是位于西南部与坦桑尼亚、乌干达交界处的维多利亚湖，它是尼罗河源头，是目前非洲最大、世界第二大淡水湖，且面积尚在持续扩大。二是地处肯尼亚西北部与埃塞俄比亚交界处的图尔卡纳湖，因周围地带沙化，该湖面积正在缩小。

另外，肯尼亚境内东非大裂谷沿线还散布着一些面积较小的湖泊，如巴林戈湖、纳库鲁湖、纳瓦沙湖、马加迪湖等。其中，巴林戈湖位于内罗毕以北 280 千米处，是东非大裂谷区最北边的淡水湖，湖周边栖息了近 480 种鸟类。[1] 纳库鲁湖位于纳库鲁湖国家森林公园，以"观鸟天堂"享誉世界，世界三分之一的火烈鸟栖息于此。[2] 这两个湖是鸟类研究者和旅游者的重要目的地，吸引了大量国内外游客。

肯尼亚拥有众多河流，但长度超过 200 千米的河流屈指可数，较长的有两条，均发源于阿伯德尔山脉。一条是塔纳河，全长 708 千米，经基皮尼港注入印度洋，下游 300 余千米的河道可通航。另一条是加拉纳河，全长约 547 千米，在沿海城市马林迪北部注入印度洋。此外，还有一些河流，如恩佐亚河、尼扬多河、桑杜河、亚拉河等，均发源于东非大裂谷以西，向西南流入维多利亚湖。[3]

---

[1] 资料来源于肯尼亚观鸟网。

[2] 周亚东. 非洲常见植物野外识别手册：肯尼亚山 [M]. 武汉：湖北科学技术出版社，2018：102.

[3] 资料来源于大英百科全书官网。

（二）气候

肯尼亚全境位于热带季风区，大部分地区为热带草原气候。总体来看，肯尼亚80%的国土为干旱和半干旱区域。[1] 每年3—5月为肯尼亚的长雨季，10—12月为短雨季，其余月份为旱季，年降水量约510毫米。[2]

受地势、地形、气团等因素影响，肯尼亚各地区气候差异较大。西部高原和中部高山地区，年降水量自西北向东南逐渐增加，变化范围约为200—1 600毫米。大裂谷东西两侧高地昼夜温差较大，日间气温为16—24℃，[3] 夜间相对凉爽；而肯尼亚山山顶常年积雪，气温可降至 –6.7℃[4]。北部与东北部的荒漠与半荒漠地区高温少雨，年平均气温在24℃以上，年平均降水量为200—500毫米。[5]

东南部滨海地区暖热潮湿，年平均气温在27℃以上。蒙巴萨以南降水量较多，蒙巴萨以北年降水量约为900—1 100毫米。[6] 维多利亚湖地区湿度大，全年无旱季，3—6月降水量最多。

三、自然资源与世界自然遗产

（一）矿产和能源资源

肯尼亚矿产资源主要分布在西部和西南部，主要有碱、盐、各类宝石、

---

[1] 资料来源于肯尼亚国家抗旱管理局官网。

[2] 资料来源于肯尼亚气象部官网。

[3] 资料来源于肯尼亚气象部官网。

[4] 沈镭. 肯尼亚国家地理 [M]. 北京：科学出版社，2019：40.

[5] 资料来源于肯尼亚气象部官网。

[6] 沈镭. 肯尼亚国家地理 [M]. 北京：科学出版社，2019：40.

石灰石、金、银、铜、铁、铝、锌、铌、钍、锆等。储量较大的有东非大裂谷沿线至维多利亚湖附近的金矿、与坦桑尼亚交界处的宝石矿、东南部的铁矿和重晶石、马加迪湖中的天然碱和盐、东非大裂谷内的硅藻土矿。吉尔吉尔有世界最大的硅藻土矿之一。除碱和萤石外，肯尼亚多数矿藏基本未开发。

肯尼亚从未停止过对能源的勘探工作，但至今未发现大规模的石油和煤炭资源。水电是肯尼亚重要的能源之一。目前，肯尼亚的水电能源主要依靠塔纳河供给。另外，肯尼亚地处低纬度地区，全年光照充足，太阳能资源丰富，高原高地和维多利亚湖盆地地区风能也很丰富，但目前太阳能和风能的开发利用水平都还较低。

（二）植物和动物资源

肯尼亚的植被主要有森林和草地。森林面积约 8.7 万平方千米，占国土面积的 15%，林木储量约 9.5 亿吨。[1] 森林主要分布在东非大裂谷两侧的高原地区、维多利亚湖以东的湖滨地区、东南海滨地区，林木品种主要包括竹子、樟树、松树、橄榄树、椰树、埃及棕榈、栲树等。草地主要分布在东非大裂谷的中部和南部、维多利亚湖盆地、肯尼亚山以西和以南地区等，植被类别主要包含蜡瓣菊属、莎草属、香茶菜属、猪屎豆属等。[2]

肯尼亚尚无官方认定的国花，但热带兰花因为出口量大获得了"肯尼亚非官方国花"的称号。据《肯尼亚兰花》记载，肯尼亚共有 265 种兰

[1] 商务部国际贸易经济合作研究院，中国驻肯尼亚大使馆经济商务处，商务部对外投资和经济合作司. 对外投资合作国别（地区）指南：肯尼亚（2021 年版）[EB/OL]. [2022-02-14]. http://www.mofcom.gov.cn/dl/gbdqzn/upload/kenniya.pdf.

[2] 中国科学院中–非联合研究中心. 肯尼亚西部切兰加尼山区植物资源调查获得新进展[EB/OL]. [2022-02-14]. http://www.sinafrica.cas.cn/zxdt/kydt/201904/t20190419_483727.html.

花。[1] 其中，生长在肯尼亚山山脚的肯山兰是最名贵的品种之一，许多肯尼亚人视之为国花。肯山兰的叶片又宽又厚，花朵由六片椭圆花瓣组成，中心有一个娇媚的小红点，几十朵小花组成一串长的、轻微下垂的花序。

肯尼亚有着一望无际的草原，这为野生动物提供了栖息的家园。肯尼亚有许多大型动物，如大象、犀牛、羚羊、狮子、斑马、长颈鹿、鳄鱼、金钱豹等，还有许多珍稀鸟类。野生动物主要集中在全国的 60 余个保护区和国家公园内，其中，仅察沃国家公园里便有 2 万多头大象。[2] 随着干湿季水草枯荣变化，每年数百万只动物在肯尼亚和坦桑尼亚的草原迁徙，形成了壮观的动物大迁徙景象，为肯尼亚旅游业奠定了重要基础。

（三）世界自然遗产

1991 年 6 月 5 日，肯尼亚成为联合国教科文组织世界遗产委员会成员。截至 2019 年 7 月 10 日，肯尼亚共拥有 3 项世界自然遗产。

1. 图尔卡纳湖国家公园群

图尔卡纳湖国家公园群位于肯尼亚北部半荒漠地带的图尔卡纳湖盆地内，由锡比罗依国家公园、中央岛国家公园和南岛国家公园组成，面积为 1 614.85 平方千米。

1997 年，图尔卡纳湖国家公园群因其生态系统多样性和地质形态独特性被《世界自然遗产名录》收录。一方面，图尔卡纳湖是非洲含盐量最高的湖泊，其周边三个国家公园既是迁徙类水鸟的中途停留地，也是尼罗河

---

[1] STEWART J, HERMANS J, CAMPBELL B. Orchids of Kenya[M]. Portland: Timber Press, 2003.

[2] 中华人民共和国驻肯尼亚共和国大使馆. 肯尼亚主要旅游景点及城市介绍 [EB/OL]. [2022-02-14]. https://www.fmprc.gov.cn/ce/ceke/chn/zjkny/zkly/t862067.htm.

鳄鱼、河马和各种蛇类的栖息地，多样化的生态系统使这里成为研究动植物群落的好地方。另一方面，该地区地层内富含化石沉积物，约有 100 处已获鉴定的考古学和古生物学遗址，[1] 其中，库比福拉化石矿床中有大量人类、哺乳动物、软体动物等化石，成为物种进化史和远古环境研究的优良基地。

2018 年 6 月 24 日，因周边国家的吉巴第三大坝、奥莫·库拉兹糖厂开发项目和"拉穆港—南苏丹—埃塞俄比亚运输走廊项目"对图尔卡纳湖公园群的生态系统构成威胁，世界遗产委员会将图尔卡纳湖公园列为世界濒危遗产。自然遗产的环境变化引起肯尼亚的高度重视，政府在基础教育课程改革和高等教育优先发展领域中增设了环境保护、治理等相关内容。

2．肯尼亚山国家公园

肯尼亚山国家公园以肯尼亚山为中心，包括勒瓦野生动物保护区、恩盖恩达尔森林保护区。其中，肯尼亚山是一座古老的死火山，海拔5 199米，位于内罗毕东北方向 193 千米处。[2]

1997 年，肯尼亚山国家公园因其显著冰碛物特征及其生态系统多样性而入选《世界自然遗产名录》。一方面，肯尼亚山的山峰被冰川覆盖，共有12 个冰川遗迹，具有极高的研究价值。另一方面，肯尼亚山种类丰富的动植物，为高山生态环境演变研究提供了优秀案例。

3．肯尼亚东非大裂谷沿线湖泊系统

肯尼亚东非大裂谷沿线湖泊系统由博格利亚湖、纳库鲁湖和埃尔门泰

---

[1] 资料来源于联合国教科文组织世界遗产中心官网。
[2] 资料来源于联合国教科文组织世界遗产中心官网。

塔湖衔接而成，总面积达 3 203.4 平方千米。[1]

2011 年，肯尼亚东非大裂谷沿线湖泊系统因展现了独特的地质变化、生物生长和生态发展过程而入选《世界自然遗产名录》。该湖泊系统被大裂谷陡峭的悬崖和火山地貌环绕，地质特征独特，栖息于此的动物种群丰富，湖岸边有 100 多种候鸟，[2] 也生活着许多大型哺乳动物，如黑犀、罗斯柴尔德长颈鹿、扭角林羚、狮子、猎豹等，这为营养动力学、碱湖生态系统、动植物群落的进化和发展等研究提供了条件。

第二节 国家制度

一、国旗、国徽与国歌

肯尼亚国旗基于独立前肯尼亚非洲民族联盟的旗帜设计而成，长宽比为 3∶2，自上而下由黑、红、绿三个平行的长方形构成，红色长方形上下各有一白边。旗面中间的图案为一面盾和两支交叉的长矛。黑色象征肯尼亚人民，红色象征为自由而进行的斗争，绿色象征农业和自然资源，白色象征统一与和平；矛和盾的图案象征所有肯尼亚人将坚决捍卫独立。

肯尼亚国徽以一枚与国旗色彩一致的梭形盾徽为中心，两侧各有一只金狮，金狮扶着盾徽、持着长矛。盾徽中央是一只持斧头的白色公鸡，这是肯尼亚非洲民族联盟的徽记。公鸡象征新的生活，两只雄狮象征国家主权与民族尊严，同时也暗示着肯尼亚与英国的联系。双狮足下是肯尼亚山和种满作物的肥沃土地，寓意到处是果实和芬芳，这是肯尼亚人民生活安宁、国家

---

[1] 资料来源于联合国教科文组织世界遗产中心官网。

[2] 资料来源于肯尼亚旅游与野生动物部官网。

兴旺的缩影。国徽下方咖啡色饰带上写有斯瓦希里语的"共处"字样，表达了肯尼亚人民关于和平、友爱、自由与平等的愿望。

肯尼亚国歌名为《造物之神》，是由国家任命的一个委员会根据肯尼亚民歌集体填词创作而来。歌词大意如下。

啊，创造万物的上帝，
我们最公正的保护者，
保佑我们的土地和民族。
愿我们生活在团结和自由之中，
国土的物产丰富。

让大家的每颗心，
都坚定和真诚。
我们真诚努力地工作，
为了我们祖国肯尼亚的辉煌事业，
我们坚强站起来。

让所有的民族一致，
达成团结统一的协定。
合作建立起我们的国家，
我们的劳动果实是肯尼亚的荣誉，
感恩之情充满心胸。

二、宪法与政治体制

（一）宪法

1963 年，《肯尼亚独立宪法》颁布，至今已修改 30 余次。

1982 年 6 月，肯尼亚修宪实行一党制。1991 年 12 月，肯尼亚修宪改行多党制。2010 年 4 月，《肯尼亚宪法》草案获议会批准，取代了 1963 年的《肯尼亚独立宪法》，于 2010 年 8 月通过全民公投并正式颁布实施。《肯尼亚宪法》的主要内容包括：维持总统制政体，削弱总统权力，不再设总理职位；议会改为两院制，增设参议院。

（二）政治体制

肯尼亚实行总统制，总统是国家元首、政府首脑、国防军总司令、国家安全委员会主席。总统由选举产生，每届任期五年，最多可连任两届。总统在副总统和内阁的协助下行使共和国的行政权力，拥有行政权和赦免权，有权召集或解散议会，任免政府部长、高级军事将领、总检察长、内阁秘书等。总统和内阁对议会负责。

肯尼亚中央政府由立法机构、行政机构和司法机构组成。议会是肯尼亚最高立法机构，成立于 1963 年，由国民议会和参议院构成。国民议会由议长、副议长和议员组成，包括民选议员（全国 290 个选区各 1 名）、政党指定议员（按各政党在国民议会席位比例分配）、民选女性代表（全国 47 个郡各 1 名）。[1] 议长和副议长由各党分别从本党中提名，经国民议会议员选举产生。国民议会下设 34 个委员会，主要职能包括立法、决定国家税收分配、

---

[1] 中华人民共和国外交部. 肯尼亚国家概况 [EB/OL]. [2021-08-12]. https://www.fmprc.gov.cn/web/gjhdq_676201/gj_676203/fz_677316/1206_677946/1206x0_677948/.

监督政府和国家财政支出、弹劾总统和副总统、批准重要人事任命等。[1] 参议院由参议长、副参议长和参议员组成，包括民选参议员（全国 47 个郡各 1 名）、政党指定的女性代表（按各政党在参议院议席比例分配）、青年代表（参议院最大两党各 1 名）、残疾人代表（参议院最大两党各 1 名）。[2] 参议长和副参议长由各党提名，由全体参议员选举产生。参议院下设 23 个委员会，主要职能包括参与同各郡相关的立法、税收分配、弹劾总统和副总统等。[3]

执行委员会是肯尼亚最高行政机构，由总统、副总统和内阁构成。内阁由副总统和 14—22 名不同执行部门的内阁秘书组成。这些执行部门的内阁秘书由总统提名，经国民议会审议，负责政府各种项目的政策制定和实施。

肯尼亚司法机构独立于立法机构和行政机构，分为高级法院和基层法院两级，由首席大法官领导，首席大法官同时也是负责解释《肯尼亚宪法》的最高法院院长。高级法院由高到低分为最高法院、上诉法院、高等法院和特别法院[4] 三级，最高法院的决定是最终的，不能被质疑。基层法院内部没有级别高低之分，包括各地区的治安法院、穆斯林集中居住区的卡迪氏法院[5]、军事法院、议会设立的其他法院。[6]

---

[1] 资料来源于肯尼亚国民议会官网。

[2] 中华人民共和国外交部. 肯尼亚国家概况 [EB/OL]. [2022-02-18]. https://www.fmprc.gov.cn/web/gjhdq_676201/gj_676203/fz_677316/1206_677946/1206x0_677948/.

[3] 资料来源于肯尼亚参议院官网。

[4] 特别法院由议会设立，与高等法院同级别，负责就业、劳资、土地和环境等案件，专门由特别法院负责的案件高等法院无管辖权。

[5] 卡迪氏（Kadhis）法院专门受理涉及伊斯兰法的穆斯林个人身份、婚姻、继承等相关案件。

[6] 商务部国际贸易经济合作研究院，中国驻肯尼亚大使馆经济商务处，商务部对外投资和经济合作司. 对外投资合作国别（地区）指南：肯尼亚（2021 版）[EB/OL]. [2022-07-06]. http://www.mofcom.gov.cn/dl/gbdqzn/upload/kenniya.pdf.

三、行政区划

肯尼亚现行的行政区划由郡级行政区和次郡（或区）级行政区组成。1992—2007年，肯尼亚有7个省（中央省、滨海省、东部省、西部省、东北省、尼安萨省、裂谷省）和1个特区（内罗毕特区），7个省被划分为46个行政区，内罗毕特区也计算为一个行政区，因此，全国共47个行政区。2010年新修订的《肯尼亚宪法》取消原来的7个省级建制，把省下辖的46个行政区和内罗毕特区改制为47个半自治的郡，使其成为地方一级行政区，各郡下有若干次郡（区）。郡及其原属省份情况见表1.1。[1]

表1.1 肯尼亚的47个郡

郡名	首府	原属省份/特区
蒙巴萨郡	蒙巴萨	滨海省
夸勒郡	夸勒	
基里菲郡	基里菲	
塔纳河郡	豪拉	
拉穆郡	拉穆	
泰塔塔维塔郡	马维塔特	
加里萨郡	加里萨	东北省
瓦吉尔郡	瓦吉尔	
曼德拉郡	曼德拉	
马萨比特郡	马萨比特	东部省
伊希奥洛郡	伊希奥洛	

---

[1] 商务部国际贸易经济合作研究院，中国驻肯尼亚大使馆经济商务处，商务部对外投资和经济合作司. 对外投资合作国别（地区）指南：肯尼亚（2021年版）[EB/OL]. [2022-02-14]. http://www.mofcom.gov.cn/dl/gbdqzn/upload/kenniya.pdf.

续表

郡名	首府	原属省份/特区
梅鲁郡	梅鲁	东部省
塔拉卡-尼蒂郡	卡萨瓦纳	
恩布郡	恩布	
基图伊郡	基图伊	
马查科斯郡	马查科斯	
马瓜尼郡	沃特	
年达鲁阿郡	奥尔卡洛乌	中央省
涅里郡	涅里	
基里尼亚加郡	克鲁戈亚	
穆兰卡郡	穆兰卡	
基安布郡	基安布	
图尔卡纳郡	洛德瓦尔	裂谷省
西波克特郡	卡彭古里亚	
桑布鲁郡	马腊拉尔	
特兰斯-恩佐亚郡	基塔莱	
瓦辛基苏郡	埃尔多雷特	
埃尔格约-马拉奎特郡	伊藤	
南迪郡	卡普萨贝特	
巴林戈郡	卡巴内特	
莱基皮亚郡	鲁穆鲁蒂	
纳库鲁郡	纳库鲁	
纳罗克郡	纳罗克	
卡耶亚多郡	卡耶亚多	
凯里乔郡	凯里乔	
博美特郡	博美特	

续表

郡名	首府	原属省份 / 特区
卡卡梅加郡	卡卡梅加	西部省
韦希加郡	韦希加	
邦戈马郡	邦戈马	
布希亚郡	布希亚	
夏亚郡	夏亚	尼安萨省
基苏木郡	基苏木	
霍马湾郡	霍马湾	
米戈利郡	米戈利	
基西郡	基西	
尼亚米拉郡	尼亚米拉	
内罗毕郡	内罗毕	内罗毕特区

四、主要城市

（一）内罗毕

内罗毕建于 1899 年，是肯尼亚首都和第一大城市。内罗毕是全国政治、经济、文化、工业和交通中心，也是非洲领先的国际化大城市之一，享有"东非小巴黎""春城 80 佳"等美誉，曾入选全球城市实验室"2021 年全球城市 500 强"榜单。[1]

"内罗毕"一词源自马赛语，意为"清凉的水"。内罗毕为亚热带高原气候，全年温和凉爽，年平均气温 17.7℃，降水量 1 049 毫米。内罗毕位于

---

[1] 全球城市实验室. 2021 年全球城市 500 强研究报告及榜单 [EB/OL]. [2022-02-18]. http://globalcitylab.com/report.html.

肯尼亚中南部海拔 1 798 米的高原上，面积 696.1 平方千米，2019 年的人口为 439.7 万。[1]

内罗毕交通发达，公路和铁路设施良好，主要交通线包括东南方和南方至蒙巴萨和坦桑尼亚的线路、西北方经高地至维多利亚湖和乌干达的线路，通过公路和铁路，可直达肯尼亚各郡主要城市。内罗毕西南方向 15 千米处是非洲主要的国际机场之一——乔莫·肯雅塔国际机场。城市标志性建筑有肯雅塔国际会议中心、议会大厦、市政厅、罗马天主教大教堂、贾米亚清真寺等。此外，肯尼亚国家博物馆、国家铁路博物馆、内罗毕中央公园、长颈鹿公园、纳瓦沙湖、马赛村、丹麦著名女作家卡伦·布利克森故居等也是这座城市的著名旅游景点，近年来吸引了大批游客。

联合国内罗毕办事处是联合国三大办事处之一。同时，内罗毕也是重要的航空、船运、铁路公司的总部所在地，东非共同体国家许多商业银行的总部也设于此。

（二）蒙巴萨

蒙巴萨是肯尼亚第二大城市和全国重要工商业中心，于 11 世纪修建，距内罗毕 480 千米，是从印度洋进入肯尼亚内陆的门户。市中心位于蒙巴萨岛上，通过堤道和铁路桥与大陆相连。在古代，蒙巴萨便是重要的商业港口，1895—1907 年，蒙巴萨是英国"东非保护地"首府。按新修订的《肯尼亚宪法》，原属于滨海省的蒙巴萨成为肯尼亚 47 郡之一，是全国最小的一个郡，面积 294.7 平方千米，水域面积 65 平方千米，2019 年的人口为 120.83 万。[2]

在全球城市实验室发布的"2021 年全球城市 500 强"榜单中，蒙巴萨位

---

[1] 资料来源于肯尼亚国家统计局官网。

[2] 资料来源于肯尼亚国家统计局官网。

列第 389 名。[1] 蒙巴萨有炼油、修船、机修、纺织、金属加工等工业，主要出口货物为皮张、纤维、棉花、茶叶、椰干、咖啡、木材、糖浆、肉类、奶制品等，主要进口货物有机械设备、车辆、纺织品、粮食、建材、糖等。蒙巴萨旅游业较为发达，其热带风光秀丽，海风轻拂，阳光明媚，气候湿润，沙滩细软，椰子树、棕榈树等热带树木交织成荫，欧式大楼与阿拉伯建筑错落成趣。主要旅游景点有察沃国家公园、拉穆岛、耶稣堡等。

蒙巴萨的海运比较发达，港宽水深，口岸开阔，码头泊位多，货物吞吐量大，机械化程度高。蒙巴萨拥有东非最大的港口，是肯尼亚进出口货物的主要集散地。[2] 中国明代航海家郑和曾率船队到达蒙巴萨，《郑和航海图》把蒙巴萨标作"慢八撒"。蒙巴萨也是卢旺达–乌干达–肯尼亚铁路的终点。2017 年 5 月 31 日，由中国企业承建的蒙内铁路（连接蒙巴萨与内罗毕）正式通车。蒙巴萨建有莫伊国际机场，距离市区大约半小时车程，国际航班较少，国际航班主要为欧洲和非洲航线。

五、对外关系

肯尼亚奉行和平、睦邻友好和不结盟的外交政策，积极参与地区和国际事务，大力推动地区政治、经济、教育一体化，反对外来干涉，重视发展同西方及邻国的关系，也积极加强同中国等亚洲国家的关系，已经与 100 多个国家建立了外交关系。[3] 肯尼亚是联合国、非洲联盟、不结盟运动、

[1] 全球城市实验室. 2021 年全球城市 500 强研究报告及榜单 [EB/OL]. [2022-02-18]. http://globalcitylab.com/report.html.

[2] 新华网. 一带一路好通道：东非第一大港蒙巴萨港 [EB/OL]. [2021-08-11]. http://www.xinhuanet.com//photo/2017-01/14/c_1120311295.htm.

[3] 中华人民共和国外交部. 肯尼亚国家概况 [EB/OL]. [2021-08-22]. https://www.fmprc.gov.cn/web/gjhdq_676201/gj_676203/fz_677316/1206_677946/1206x0_677948.

七十七国集团、东非政府间发展组织、东部和南部非洲共同市场、东非共
同体、环印度洋区域合作联盟等国际和地区组织的成员，也是《欧洲经济
共同体与非洲、加勒比和太平洋（国家）洛美协定》的签字国。

肯尼亚外交政策阐明肯尼亚外交活动的立足点和目标：肯尼亚以和平、
经济、海外侨民、环境和文化为外交立足点；捍卫国家主权和领土完整，
不干涉别国内政；不结盟和广交朋友，睦邻友好；促进地区和平与合作，
支持非洲的解放、合作、统一；积极参与国际事务，树立肯尼亚良好的国
际形象。[1]

（一）对中关系

1963 年 12 月 14 日，肯尼亚与中国建交。建交以来，两国关系发展顺
利，双边互访不断，双边协议众多，呈现出高层次、高频率的特点。1996
年 5 月至 2020 年 10 月，中国党和国家领导人及高层领导累计出访肯尼亚 33
次；1980 年 9 月至 2020 年 10 月，肯尼亚总统及高层领导累计来访中国 25
次。自 1963 年 12 月 14 日《中华人民共和国和肯尼亚共和国建交联合公报》
发布至 2020 年 10 月，双方共签署重要协议 15 份，内容涉及经济、文化、高
等教育、护照签证、引渡、刑事司法、关税、技术合作等方面。[2]

在经贸合作方面，中国与肯尼亚于 1964 年签署第一个贸易协定，此后
中肯贸易发展迅速。2011 年 3 月，中肯成立双边贸易、投资和经济技术合
作联合委员会，协商管理相关工作。2020 年，中肯贸易总额 55.6 亿美元，
同比增长 7.2%；其中，中国对肯尼亚出口额 54.1 亿美元，增长 8%；中国

---

[1] 资料来源于肯尼亚外交部官网。

[2] 中华人民共和国外交部. 中国同肯尼亚的关系 [EB/OL]. [2022-07-06]. https://www.mfa.gov.cn/web/gjhdq_676201/gj_676203/fz_677316/1206_677946/sbgx_677950/.

自肯尼亚进口额 1.5 亿美元，下降 15.6%。[1] 肯尼亚主要从中国进口电子类产品、服装和纺织纱线、钢铁及其制品等，主要向中国出口矿砂、农产品、皮革制品等。

在文化传媒方面，中肯双方于 1980 年 9 月签署文化合作协定。新华社、中国国际电视台均把其非洲总分社或非洲分台设在内罗毕，中国国际广播电台首家海外城市调频电台和中央电视台非洲分台也设在内罗毕。《中国日报》（非洲版）也在内罗毕创刊并发行。

在旅游方面，2003 年 12 月，中国将肯尼亚列为中国公民自费旅游目的地国；2005 年和 2015 年，肯尼亚航空公司和中国南方航空公司分别开通内罗毕与广州之间的直飞航线，为双方国民旅游观光提供了更加便利的交通条件。

此外，中国也为肯尼亚援建了一些基础设施，如卡通都医院、莫伊国际体育中心、甘波基－塞勒姆公路、玉米粉加工厂等，这些援助惠及肯尼亚民众的衣食住行和生命健康安全。新冠肺炎疫情暴发后，中肯双方积极开展抗疫合作，中方向肯方提供了抗疫物资。

（二）对美关系

1964 年 3 月 2 日，肯尼亚与美国建交。2002 年以后，两国关系越发紧密，肯尼亚视对美关系为其最重要的双边关系之一，双方长期在经济贸易、旅游、教育、文化等方面开展合作。

在经贸方面，肯尼亚享受对美出口零关税待遇，诸多美国公司在内罗毕设立地区或非洲总部。2019—2020 年，肯尼亚与美国建立双边战略对话关系，并启动了双边自由贸易协定谈判。据肯方统计，2019 年，肯尼亚

---

[1] 中华人民共和国商务部. 中国–肯尼亚经贸合作简况（2020 年）[EB/OL]. [2022-04-24]. http://www.mofcom.gov.cn/article/tongjiziliao/sjtj/xyfztjsj/202111/20211103218567.shtml.

对美国出口额为 45 亿美元，肯尼亚自美国进口额为 55 亿美元。[1] 在旅游方面，2016 年和 2019 年，美国是肯尼亚国际游客第一大来源国；2019 年，纽约至内罗毕直飞航班开通。在教育、文化交流方面，肯尼亚大力发展英语教育，促进学术交流，双方开展了短期培训、奖学金项目等合作。

（三）对英关系

自英国在肯尼亚建立"东非保护地"起，肯尼亚在政治、经济、文化、教育、法律等方面便深受英国影响，这种影响延续至今。英国是肯尼亚最大的外国投资者，其投资范围涉及金融业、制造业、农业、贸易业、旅游业等。

英国是肯尼亚最大的双边贸易伙伴之一。肯尼亚是英国主要援助对象之一，且所接受的援助中有较大比例为无偿赠予，涉及土地垦殖、水利、卫生、教育、交通、建筑等方面。英国是国际上较早投入大量资源关注肯尼亚教育的国家之一，早在殖民统治时期，英国伦敦大学便已在肯尼亚建立伦敦大学东非学院（内罗毕大学的前身），深深影响了肯尼亚学制、课程设置、教学语言、资格证书体系、质量标准等方面。

（四）对欧关系

欧盟是肯尼亚重要的经济合作伙伴。肯尼亚四次签署《欧洲经济共同体与非洲、加勒比和太平洋（国家）洛美协定》，享有欧盟给予的贸易优惠和经济援助。同时，欧盟仅次于世界银行，是肯尼亚的第二大多边援助机

---

[1] 商务部国际贸易经济合作研究院，中国驻肯尼亚大使馆经济商务处，商务部对外投资和经济合作司. 对外投资合作国别（地区）指南：肯尼亚（2021 年版）[EB/OL]. [2022-04-24]. http://www.mofcom.gov.cn/dl/gbdqzn/upload/kenniya.pdf.

构，援助主要通过欧洲管理发展基金会和欧洲投资银行，分别以捐款和商业贷款的形式实施，涉及信息通信工程、电力工程、农业改善工程等。

第三节 社会生活

一、民族与语言

（一）民族

肯尼亚共有 44 个民族[1]，其中，人口在百万以上的有基库尤族（占总人口的 17%）、卢希亚族（14.4%）、卡伦金族（13%）、卢奥族（10%）、康巴族（10%）、基西族（也称古西族，6.5%）、梅鲁族（5%）和米吉肯达族（4.7%）。[2] 此外，肯尼亚还有部分印巴人、阿拉伯人和欧洲人。

2019 年，基库尤族人口 815 万人[3]，为肯尼亚第一大民族。基库尤族人属班图尼格罗人，主要聚居在中部地区，使用基库尤语。

（二）语言

肯尼亚官方语言是英语。但多民族共存的现状使肯尼亚成为一个多语言的国家，肯尼亚境内共有 40 种民族语言或方言，多数民族都有自己的语

---

[1] 肯尼亚相关文件中使用 ethnicity 一词，本书为行文方便和避免歧义，统一译为"民族"。

[2] 中华人民共和国外交部. 肯尼亚国家概况 [EB/OL]. [2022-02-18]. https://www.mfa.gov.cn/web/gjhdq_676201/gj_676203/fz_677316/1206_677946/1206x0_677948/.

[3] Kenya National Bureau of Statistics. 2019 Kenya population and housing census; volume iv[R]. Nariobi: Kenya National Bureau of Statistics, 2020: 423.

言，[1] 在这些语言中，斯瓦希里语是国语，同英语一样，在政治经济往来和日常生活中发挥重要作用，但英语的使用面较斯瓦希里语更广，斯瓦希里语致力于实现社会一体化的目标。[2]

斯瓦希里语是肯尼亚使用的主要语言之一，也被认定为非洲联盟和东非共同体的官方语言之一，国家斯瓦希里语委员会负责该语言的推广、规范等工作。斯瓦希里语是班图语与阿拉伯语的混合体，为肯尼亚沿海地区斯瓦希里人所使用，肯尼亚沿海地区还有许多斯瓦希里语的方言。斯瓦希里语已被纳入肯尼亚的教育系统，是一门一直开设到高中的必修课。

基库尤语和卢希亚语是肯尼亚的主要地方语言。基库尤语是居住在肯尼亚中部地区的基库尤族人的母语，使用人口近千万，约占全国总人口的22%。卢希亚语是居住在肯尼亚西部地区的卢希亚族人的母语，使用人口约700万左右。[3]

肯尼亚在学前教育、小学低年级教育中均使用本土语言开展教学活动。这种教学方式使低龄学生更容易理解教材和掌握学科知识。但是，肯尼亚大部分学生和家长排斥在教学中使用本土语言，教师们也倾向于使用英语进行教学。

小学高年级至高等教育阶段，肯尼亚学校均使用英语教学，原因有二。一方面，英语是肯尼亚的官方语言，且在国际上通用，此举便于肯尼亚加强国际交流。另一方面，肯尼亚本土语言复杂多样，词汇有限，且受语法规则所限，不能准确地表达现代思想和观念。此外，肯尼亚也缺少开发本土语言教材的条件，因而本土语言很难应用于中等教育和高等教育。

---

[1] 根据《肯尼亚 2019 年人口普查报告》整理。

[2] 曾娜. 肯尼亚语言基本使用概况及语言政策 [N]. 贵州师范大学报，2018-08-27（3）.

[3] 此处两种地方语言使用人数根据《肯尼亚 2019 年人口普查报告》整理。

二、经济

肯尼亚是撒哈拉以南非洲经济基础较好的国家之一，实行以私营经济为主的混合型经济体制。农业、旅游业和侨汇是主要的创汇领域。进入2010年以来，肯尼亚政府采取一系列措施积极推进国家工业化进程和经济转型，经济呈现较好发展势头，2010—2019年，肯尼亚经济年均增长率基本在5%以上。[1]

农业是肯尼亚国民经济的支柱产业，农业产值约占国内生产总值的三分之一，农业出口额占肯尼亚出口总额一半以上。全国可耕地面积9.2万平方千米（约占国土面积的15.8%），其中已耕地占73%，全国约80%的人口从事农牧业。[2]主要粮食作物有玉米、小麦和水稻，正常年景，农业生产基本能够实现自给自足。主要经济作物有咖啡、茶叶、剑麻、鲜花、蔬菜、水果等，其中，剑麻出口量居全球第二位。同时，肯尼亚也是非洲最大的鲜花出口国之一，约占欧盟鲜花市场三分之一的份额。[3]

肯尼亚工业在东非地区相对发达，门类较齐全。工业主要集中在内罗毕、蒙巴萨和基苏木这三个城市。较大的企业集中在炼油、轮胎、水泥、轧钢、发电、汽车装配等领域。制造业是肯尼亚优先发展领域之一，以食品加工业为主，肯尼亚的服装、纸张、食品、饮料、香烟等基本自给，有些还可以供出口。

在对外贸易方面，非洲、欧洲分别是肯尼亚出口第一、第二大目的地，亚洲是肯尼亚进口第一大来源地。肯尼亚主要贸易伙伴有中国、印度、阿联酋、沙特阿拉伯、日本和美国。肯尼亚主要出口商品为茶叶、咖啡、鲜切花卉、水果（尤其是牛油果）、蔬菜、纺织品等，前三种农产品的出口额

---

[1] 资料来源于肯尼亚国家统计局官网。

[2] 中华人民共和国外交部. 肯尼亚国家概况 [EB/OL]. [2022-04-24]. https://www.mfa.gov.cn/web/gjhdq_676201/gj_676203/fz_677316/1206_677946/1206x0_677948/.

[3] 资料来源于肯尼亚国家统计局官网。

占出口总值的一半以上。主要进口商品大体可分为四类，分别是机器设备、汽车及其部件、钢铁、肥料等货物，原油和精炼油，油脂、食糖等食品，树脂、塑料、药品等日用工业品和中间产品。

三、交通

肯尼亚地理位置优越，交通运输以公路为主，铁路、水运、空运也较发达，其交通网络贯穿国内并辐射周边国家。由于基础设施落后等因素限制了行业发展，肯尼亚正致力于改造升级公路网、铁路网和港口。

截至2018年6月，肯尼亚公路总长16.15万千米，其中，沥青路面18 700千米，砂石或土路142 800千米。[1]肯尼亚国内绝大部分客运和三分之一以上的货运为公路运输，公路运输业领域的大企业有国营的肯尼亚国家运输公司和外资的肯尼亚巴士服务公司、东非公路服务公司、东非公路联运公司等。

肯尼亚铁路总长2 885千米，其中，约600千米为标准轨铁路，其余为窄轨铁路。肯尼亚铁路局兼营客运和货运，近些年，客、货运量均大幅下降，铁路运营亏损严重，但肯尼亚政府从未停止完善铁路网的步伐。按照国家发展规划，肯尼亚铁路局正在重点建设东非铁路网。肯尼亚的蒙内铁路由中国交通建设集团承建，采用中国标准、技术和装备，是中肯产能合作的典范项目，具有标志性、突破性和示范性意义，为东非经济发展注入强大动力。

在水运方面，肯尼亚境内的河流、湖泊只能局部通航小船。蒙巴萨港口

---

[1] 商务部国际贸易经济合作研究院，中国驻肯尼亚大使馆经济商务处，商务部对外投资和经济合作司. 对外投资合作国别（地区）指南：肯尼亚（2021年版）[EB/OL]. [2022-04-24]. http://www.mofcom.gov.cn/dl/gbdqzn/upload/kenniya.pdf.

是肯尼亚主要的水运港口，也是中东非最大、最现代化的港口，共有22个深水泊位和2个大型输油码头，可停泊2万吨级货轮。自2008年8月开始24小时运行，年平均货物吞吐量三千万吨。[1] 它不仅为本国服务，也是乌干达、卢旺达、布隆迪、刚果（金）东部和苏丹南部的重要出海口。肯尼亚在《2030年愿景》中提出，扩建蒙巴萨港，并建设拉穆港和基苏木港。

独立后，肯尼亚航空业获得了很大发展，由交通和通信部下辖的民航局机场司负责。目前，肯尼亚共有4个国际机场（乔莫·肯雅塔国际机场、莫伊国际机场、基苏木国际机场、埃尔多雷特国际机场）和400余个小型或简易机场。肯尼亚航空公司负责全国的航空业务，在全球设有98个办事处，开设了52条国际航线，飞往全球39个国家的56个目的地，年载客量超过400万人次。[2]

四、旅游

肯尼亚自然风光旖旎，野生动植物种类繁多，这为旅游业的发展提供了大量资源。旅游业是肯尼亚的支柱产业之一和第二大外汇收入来源。2019年，肯尼亚国际游客总数达204.8万人次，同比增长1.16%。[3] 排名前6位的游客来源国依次为美国、乌干达、坦桑尼亚、英国、印度和中国。独立后，肯尼亚积极制定相关政策和建立保护机构，吸引资金，完善旅游基础设施，

---

[1] 商务部国际贸易经济合作研究院，中国驻肯尼亚大使馆经济商务处，商务部对外投资和经济合作司. 对外投资合作国别（地区）指南：肯尼亚（2021年版）[EB/OL]. [2022-04-24]. http://www.mofcom.gov.cn/dl/gbdqzn/upload/kenniya.pdf.

[2] 资料来源于肯尼亚航空公司官网。

[3] 商务部国际贸易经济合作研究院，中国驻肯尼亚大使馆经济商务处，商务部对外投资和经济合作司. 对外投资合作国别（地区）指南：肯尼亚（2021年版）[EB/OL]. [2022-04-24]. http://www.mofcom.gov.cn/dl/gbdqzn/upload/kenniya.pdf.

发展旅游业相关专业教育，培养旅游人才。例如，为开发国际旅游市场，进一步打开中国乃至整个远东市场，肯尼亚旅游局在中国香港成立了远东办事处，并开通了中国香港–泰国曼谷–肯尼亚内罗毕的定期航班。

肯尼亚旅游路线以陆路为主，主要包括以下六条。

东南部旅游路线包含内罗毕，众多国家公园、野生动物保护区、森林保护地。在这条路线上，游客可以观赏到壮观的动物群迁徙，看到众多罕见的鸟类和蝴蝶。

西南部旅游路线以内罗毕为中心，包括纳库鲁湖国家公园、基苏木黑斑羚保护区、马赛马拉野生动物自然保护区等众多国家公园和动物保护地。这条路线上还有观赏东非大裂谷的绝佳之地——朗戈诺特山和赫尔门。

西部旅游路线上有卡卡梅加森林、埃尔贡山国家公园、塞瓦沼泽公园等主要景点，其中，埃尔贡山国家公园堪称肯尼亚最秀美的野生动物保护区之一。

北部旅游路线的道路比较崎岖，适合冒险型游客。此条线路上的锡比罗依国家公园是考古爱好者的好去处；图尔卡纳湖中存活着 1.2 万多只鳄鱼，实属世界之最。

中北部旅游路线途经肯尼亚山，游客可以在海拔 3 400—5 200 米的国家公园中看到紫羚羊、斑马等野生动物，还可以欣赏肯尼亚山的冰川和茂林。

蒙巴萨沿海旅游路线紧靠肯尼亚海岸线，沿途景色多样，既有葡萄牙人建造的耶稣堡、格迪古城遗址等古迹，又有宁静、古色古香、具有浓厚斯瓦希里文化特色的拉穆群岛，还有秀美的海滩和清晰可见的珊瑚礁。[1]

[1] 沈镭. 肯尼亚国家地理 [M]. 北京：科学出版社，2019：159.

五、体育

肯尼亚享有"体育之邦"称号，曾被列为"世界十大体育强国"之一。足球、拳击、七人制橄榄球、板球、帆船、曲棍球等项目在肯尼亚十分盛行，最引人注目的是长跑项目，肯尼亚人在其中展现了超强耐力，获得了惊人的成绩。[1] 田径运动使肯尼亚在世界体育运动版图上占据了重要位置。

1956 年，肯尼亚首次参加奥运会。20 世纪 60 年代，肯尼亚开始在国际田径赛场上崛起。肯尼亚运动员曾多次打破 3 000 米、3 000 米障碍、15 千米、20 千米、25 千米、半程马拉松和全程马拉松比赛的世界纪录。著名的田径运动员有亨利·罗诺、基普乔格·凯诺、大卫·莱库塔·鲁迪沙、塞缪尔·卡马乌·万吉鲁、埃鲁德·基普乔格等。

肯尼亚现代竞技体育发展迅速，普及程度不断提高。政府大力发展体育事业，在高校开设运动专业，加强体育理论和科学的研究；将体育赛事与假日经济结合起来，从而带动国民经济的发展，鼓励国内外投资；以体育明星效应拉动旅游发展，以体育成效提升国际地位和维护民族尊严。

近年来，有不少运动员成名之后回到肯尼亚投资。据有关部门估算，肯尼亚田径运动员即使在收入欠丰的年景里，也能为肯尼亚带回 300 万—500 万美元的收入。[2] 3 届世界半程马拉松锦标赛冠军泰格拉·洛鲁佩已成为世界著名的体育和平大使。她创办了洛鲁佩和平基金会，致力于呼吁和平、减少冲突、减贫减灾。她在自己的家乡——肯尼亚的西波科特地区，用体育比赛来化解纠纷，让陷入冲突的各方共享运动带来的快乐，从而改变冲突各方的敌对态度，营造和谐的氛围。

---

[1] 章春筱，吴维铭. 促进肯尼亚现代体育发展的社会学因素分析 [J]. 运动，2015（24）: 130.
[2] 章春筱，吴维铭. 促进肯尼亚现代体育发展的社会学因素分析 [J]. 运动，2015（24）: 131.

六、新闻传媒

肯尼亚官方通讯社名为肯尼亚通讯社，成立于 1963 年，在全国 47 个郡和 25 个次郡设有分社，[1] 与国内报刊、广播电台、电视台，以及与中国新华社等多家国外通讯社有广泛的业务合作。

在报刊方面，肯尼亚共有 5 家日报、数十种周报和期刊，以私营为主。各类英文报刊发行量近 1 亿份，斯瓦希里语报刊发行量约 483 万份。[2]

在广播电视方面，截至 2020 年 12 月，肯尼亚政府已向 127 个电视频道和 368 个调频广播节目颁发了经营许可证，其中大多数电视台和电台的覆盖范围仅限于内罗毕、蒙巴萨等主要城市。[3] 肯尼亚共有两家媒体集团，一家是肯尼亚广播公司，于 1927 年开播，用英语、斯瓦希里语、印地语和 15 种非洲语言广播，节目能覆盖全国，是肯尼亚目前规模最大的广播电视公司；另一家是肯尼亚电视网，于 1990 年开播，用英语播报新闻等节目，是肯尼亚第一家私营广播电视公司和第二大电视台。

[1] 资料来源于肯尼亚通讯社官网。

[2] 商务部国际贸易经济合作研究院，中国驻肯尼亚大使馆经济商务处，商务部对外投资和经济合作司. 对外投资合作国别（地区）指南：肯尼亚（2021 年版）[EB/OL]. [2022-04-24]. http://www.mofcom.gov.cn/dl/gbdqzn/upload/kenniya.pdf.

[3] 商务部国际贸易经济合作研究院，中国驻肯尼亚大使馆经济商务处，商务部对外投资和经济合作司. 对外投资合作国别（地区）指南：肯尼亚（2021 年版）[EB/OL]. [2022-04-24]. http://www.mofcom.gov.cn/dl/gbdqzn/upload/kenniya.pdf.

第二章 文化传统

　　肯尼亚是人类的发源地之一，有着悠久的历史和灿烂的文化。肯尼亚沿海地区城邦与外来民族交流频繁，发展迅速，与内陆地区相对落后的游牧生活形成了鲜明对比，地区发展差异造就了肯尼亚宗教、语言等方面的复杂性。多元文化融合是肯尼亚文化的突出特点。本章将从历史沿革、风土人情和文化名人三个部分梳理肯尼亚的文化传统。

第一节　历史沿革

　　肯尼亚文化的发展历程可大致划分为古代史、中世纪史、近现代史和当代史四个时期，各时期内根据文明程度、政权更迭等情况又划分为若干阶段。

一、古代史（远古至 7 世纪）

（一）石器、铁器和陶器时代文化（公元前 5500 年以前）

　　肯尼亚出土了森林古猿进化到人的全过程的遗骨化石，因而可以说肯

28

尼亚是人类的摇篮之一。在肯尼亚境内,出土了丰富的石器。岩壁雕刻、绘画、珠子、项链等艺术品和装饰物出土文物表明,当时的人开展了手工劳动,且表现出对美的追求。这种装饰文化延续至今,现代肯尼亚人仍然十分喜爱装饰物,且许多装饰物已经成为民族象征。同时,石器时代出现的用赭石涂抹死者的习俗以及出土文物中的垂环、石盘、石碗等随葬品,都表明当时的人重视丧葬,丧葬文化至今仍是肯尼亚部落地区的重要社会文化活动和家庭教育内容。

石器时代后,肯尼亚没有迎来铜器时代,这主要是因为肯尼亚地区缺乏铜矿石资源。同时,由于非洲土壤性酸,铁器不易保存,因而铁器时代的相关考古发现极少。目前仅发现若干装饰物品和刀、箭头等铁器。一些学者把陶器与铁器时代联系在一起,肯尼亚出土了新石器时代和铁器时代的陶器,铁器时代的陶器更加精美,带有精细的图案,有些带有雕刻而成的三角形垂环曲线,有些带有刻印而成的弯曲网纹。这表明,当时的人已经具有一定的手工艺品制作能力和图纹绘制能力,这些技能传承至今,在肯尼亚人民的生活和教育文化活动中占有重要地位。

(二)主要民族的形成(公元前 5500 年至公元 7 世纪)

从公元前 5500 年至公元 7 世纪,四种语系族群——科伊桑人、库希特人、尼罗特人和班图人先后来到肯尼亚,他们在千百年的接触、冲突中融合共存,形成了当今的肯尼亚族群。

公元前 5500 年—公元前 2500 年或更晚一些,隶属于科伊桑(也称为科伊科伊)语族群的布须曼人来到肯尼亚中部高原。公元前 3000 年,隶属于库希特语族群的南库希特人和东库希特人来到肯尼亚北部和西部。他们在扩张中与科伊桑人相遇,并使之被同化或南迁。到了公元前几十年,南库希特人被后来的尼罗特人和班图人同化,仅剩下后裔达哈洛人。大约公元前 300 年至公元 200 年，东库希特人中的伦迪尔人居住在马萨比特平原，且不曾离开。公元前 1000 年至公元 2000 年，高原尼罗特人进入肯尼亚北部和西北部，同定居此处的南库希特人逐渐融合成为卡伦金人。在公元 1000 年左右，平原尼罗特人的分支到达肯尼亚中部及北部，最终分化成为现今的马赛人、图尔卡纳人、依特索人、桑布鲁人和恩根普斯人。

约公元前 2500 年前，隶属于班图语族群的班图人来到肯尼亚，迁徙过程中东班图人陆续分散定居，与当地族群逐渐同化。居住在南方的分支是现今肯尼亚沿海吉肯达人、波科莫人和塔依塔人的祖先，居住在肯尼亚和索马里边界的分支是现今肯尼亚梅鲁族、基库尤族、恩布族、萨拉加族、姆贝雷族的祖先。西班图人分化成肯尼亚现今的卢希亚族、基西族、库里亚族。

二、中世纪史（7—19 世纪末）

7 世纪以前，肯尼亚处于原始社会阶段。7 世纪前后，肯尼亚本土居民逐渐开化。来自波斯帝国设拉子地区的苏丹人建立起桑给帝国，肯尼亚沿海部分地区被纳入其统治范围[1]。善于经商的阿拉伯人在肯尼亚兴建了商业城邦或城镇。

定居于此的波斯人和阿拉伯人对肯尼亚的语言、民族、文化、教育、社会经济等产生了深远影响。一方面，他们与当地居民通婚繁衍，孕育了斯瓦希里人，与之相对的斯瓦希里文化是现今肯尼亚多元文化的重要组成部分。同时，阿拉伯人和波斯人还建立清真寺和古兰经学校，传播伊斯兰教和阿拉伯文化，并使肯尼亚临海地区的部分土著人掌握了基本的书写和计算能力，这开启了肯尼亚的早期学校教育。另一方面，商业贸易活动在

---

[1] 当时桑给帝国统治范围较广阔，北起现今肯尼亚的拉穆，南至科摩罗群岛，包括东非沿海大陆和诸多岛屿。

一定程度上为沿海肯尼亚人提供了学习经商的机会，海岸贸易也促使沿海人民掌握了船只修缮、航海等技能。

1506 年，葡萄牙人占领了包括肯尼亚蒙巴萨、法扎、帕特、拉穆等商业城邦在内的整个东非沿海，在肯尼亚等统治地区设立葡人总督，保持土著酋长制度，由土著酋长代理地区事务。

在葡萄牙人统治东非的一个多世纪里，肯尼亚虽遭到严重的财富掠夺和文化压制，但也获得了一定的发展。在经济、社会方面，葡萄牙人在肯尼亚组建政府部门，实施税收制度，开辟种植园，兴建食品加工厂、码头、机械修理厂等，促进了肯尼亚农业、手工业、服务业等行业的发展。在文化、教育方面，基督教文化在肯尼亚各地传播，其影响延续至今。为满足葡裔和酋长的子女受教育的需求，由统治者支持、基督教教会主办的教会学校在肯尼亚兴起，肯尼亚正规学校教育制度由此发展。

7 世纪末至 19 世纪初，阿曼人建立起阿曼–桑给巴尔帝国，在肯尼亚延用葡萄牙人统治时期的酋长制度。19 世纪 30—60 年代，肯尼亚沿海城邦商业路线向中部和西部延伸，到达维多利亚湖地区，阿曼–桑给巴尔帝国的奴隶贸易经由肯尼亚沿海向欧洲拓展，肯尼亚沿海地区与欧洲国家联系日益增多。19 世纪 60—90 年代末，英国人在肯尼亚各地建设教堂，并向当地人收税。1884 年，德国也加紧在东非的殖民扩张。

这一时期的肯尼亚受外来民族、文化影响，东南沿海和内罗毕地区社会结构、经济秩序初步建立，传统文化受伊斯兰文化和西方文化冲击，初显多元化趋势，部分肯尼亚人能够接受到由教会学校主导的学校教育。

三、近现代史（19 世纪末至独立）

19 世纪末，英德两国加速争夺东非的进程，双方先后于 1886 年和 1890 年谈判瓜分东非，肯尼亚被划归英国。1895 年，英国宣布肯尼亚为其"东非保护地"。同时，肯尼亚南迪人、基库尤人、恩布人、基西人纷纷抵抗殖民统治。1908 年，肯尼亚由英国全面统治。在英国统治期间，基督教传教士在肯尼亚建立了教会学校，部分肯尼亚人在这些学校学习读写技能，这在一定程度上改变了肯尼亚原来的教育方式和内容。

1902—1926 年，英国政府先后将原本划分给乌干达的部分地区划给肯尼亚，并把肯尼亚东北大片地区转让给当时意大利的保护地索马里，这一行为基本上奠定了当代肯尼亚的疆域。同时，英国殖民政府开始为肯尼亚划分行政区，建立省和专区，这一举措对肯尼亚影响深远。在政治上，殖民政府不断给予欧洲白人和印度人各项事务的参与权和决定权，并成立了农业生产和安置委员会、民防和供应委员会等。在经济上，殖民政府颁发《土地令》，鼓励印度移民来肯，从而刺激经济发展，掠夺财富。在教育上，殖民政府开始资助教会学校并开办学校，建议使用斯瓦希里语，由此建立起肯尼亚的正规学校教育、管理体制和教师资格体系。

在殖民政府严苛的种族隔离制度下，肯尼亚人强烈要求独立、自由、民主，并将这些思想付诸实践。

1944 年，肯尼亚非洲人联盟成立。这是肯尼亚人组织的第一个全领地性的政治团体，标志着非洲人开始出现在肯尼亚的政治舞台。[1] 1947 年，极度贫苦的蒙巴萨工人要求提高最低工资的大罢工获得胜利，这推动了全国工会运动的发展。

1950—1963 年，肯尼亚人民争取民族独立的情绪高涨。1960 年 2 月，英国殖民政府推出《新宪法》，允许肯尼亚人在殖民政府的立法会议中占多数席位，肯尼亚争取民族独立的斗争出现曙光。1960 年 3 月 27 日，肯尼亚 30 多个地区性政治团体合并成立肯尼亚非洲民族联盟。1963 年 5 月，

---

[1] 高晋元. 肯尼亚 [M]. 北京：社会科学文献出版社，2004：84.

肯尼亚举行大选，肯尼亚非洲民族联盟获胜，同年 6 月，肯尼亚自治政府建立。

四、当代史（独立至今）

1963 年 12 月 12 日，肯尼亚宣布独立，但仍属于英联邦。1964 年，肯尼亚修订《肯尼亚独立宪法》，不再承认英国女王为国家元首，改行总统制政体，肯尼亚共和国正式建立，莫伊·乔莫·肯雅塔当选总统。

1963—1979 年，肯尼亚政局稳定，经济状况有所改善，政府重视教育。1979—2002 年，在丹尼尔·阿拉普·莫伊总统任期内，肯尼亚经济、社会、文化教育得到了较大发展。2002—2013 年，在姆瓦伊·齐贝吉总统任期内，政府制定经济复兴战略，调整经济结构，重点支持农业和旅游业发展，努力改善投资环境，吸引外资，推行教育五年规划战略，强调教育发展要与肯尼亚《2030 年愿景》、千年发展目标等紧密相连。2013 年，乌胡鲁·肯雅塔当选总统，国家开始实施第二个教育五年规划战略，旨在为肯尼亚可持续发展提供具有全球可比性的教育和培训。

第二节 风土人情

一、服饰

肯尼亚人喜欢穿着鲜艳的、带有花纹的衣服。城镇居民日常服饰已经基本西化，衬衫、T恤、牛仔裤、连衣裙都比较常见；在一些正式的场合，如会议、婚礼，许多肯尼亚人会选择穿西装。除了西装以外，肯尼亚人也时常在国际会议上着本民族传统服饰，以表达对自己民族文化的认可。

因民族众多，肯尼亚的传统服饰也表现出多样化的特点。马赛族的服饰便极具民族特色。马赛族是肯尼亚的游牧民族之一，其服饰以褚红色为基调，色彩鲜亮，寓意驱赶狮子等野生动物、保护游牧民族赖以生存的牛群。配饰主要为五颜六色珠子编制而成的项链、耳饰、臂饰，且搭配比较随意。男女都会穿耳洞，佩戴色彩绚丽的耳坠。男性服饰称为"束卡"，内里为一块裹在腰间的布，外披一整块褚红色纯色布或格子布，或将长至小腿的布系在胸前。女性服饰为裙装，称为"坎噶"，色彩绚丽。女性颈部会套上珠编的层层项圈，珠子五颜六色，层数则代表年龄。[1]与马赛族相似，桑布鲁族、图尔卡纳族、卡伦金族等也都重视耳饰、颈饰和臂饰。

二、饮食

肯尼亚城市居民多以玉米、小麦和大米为主要食材，农村居民还会把小米、木薯和高粱作为主要食材。牛肉、羊肉、鱼肉、蔬菜和水果是主要副食材，葱、姜、蒜、辣椒是肯尼亚人十分喜欢的调味食材。饮品上，由于肯尼亚盛产咖啡、茶叶，城镇居民都有喝咖啡、红茶的习惯，部分肯尼亚人还有自己酿酒的习惯，如卡伦金人酿造小米酒和玉米酒，米吉肯达人酿造椰子酒，马赛人酿造蜂蜜酒。

在肯尼亚，常见的特色餐食有乌咖喱、马土拉、曼达奇等。[2]乌咖喱是肯尼亚的招牌特色餐食，主食是用玉米粉熬成的熟面团，将其配以辅食手抓

[1] 颜世璎. 今日非洲马赛人 [J]. 当代世界，2005（4）：45.

[2] 由斯瓦希里语 Ugali、Matura、Mandazi 音译而来。

食用。辅食可以随意搭配，常见的有胡萝卜、甜菜、烤羊肉、油炸罗非鱼等。马土拉是将新鲜的动物血液和肉煮熟后塞入牛或羊的大肠内，经炭火烤制后用葱、姜、蒜、辣椒等调味食用。曼达奇是街边常见的餐后小食，是肯尼亚版的甜甜圈，用面粉、牛奶、鸡蛋、酵母和糖制成巴掌大小的三角形后油炸食用，有时和面过程中也会添加椰奶。

肯尼亚游牧民族以奶、肉、血为主要食物，牲畜种类在不同民族的饮食中有差异。例如，牛奶、牛肉和牛血是桑布鲁人和马赛人的主要食物，骆驼奶、骆驼肉和骆驼血则是索马里人、加布拉人、伦迪尔人的主要食物。另外，卡伦金族的分支埃尔格约人和马拉奎特人以白蚁为食。

三、民居

肯尼亚地广人稀，城市现代化程度较高，高楼大厦较多，但也有贫民窟，贫民窟的居所多以铁皮等围制而成。城市以外的乡镇，尤其是农村和族群部落聚居地的民居差异则较大。但从整体上看，肯尼亚的民居分布较分散，院落宽敞；房屋多以木桩、荆条、树枝、茅草、泥土、牛粪等为材料，屋顶用草或者铁皮覆盖，多数无窗。

沿海地区的吉里亚马人的住房一般呈长方体，四周棱角成圆弧状，以草盖的屋脊略呈曲线，屋顶覆以棕榈叶。房屋整体像一块大面包。[1]

马赛人极其崇拜牛，在马赛部落，家家户户均养牛，因此牛粪非常多。马赛人结婚的时候，女方用牛粪、泥巴混合树枝建造新房，房屋呈圆柱状，房屋外层会被装饰上不同大小、形状的牛粪。在当地，牛粪建造的房子是地位和财富的象征。

---

[1] 高晋元. 肯尼亚 [M]. 北京：社会科学文献出版社，2004：42.

四、节日

肯尼亚共有 10 个全国性的公众节假日：新年，1 月 1 日；耶稣受难日，复活节前一个星期五；复活节翌日，复活节后一天；劳动节，5 月 1 日，肯尼亚工人经常在当天举行庆祝集会，有时会邀请总统和政府官员发表演讲；自治日，6 月 1 日，是庆祝肯尼亚摆脱英国殖民统治，获得独立主权的日子；乌塔玛杜尼日 [1]，10 月 10 日，用以纪念国家丰富多彩的文化遗产；英雄日 [2]，10 月 20 日，用以纪念为国家独立而奋斗的所有肯尼亚人；肯尼亚共和国日，12 月 12 日，如果恰逢周日，则顺延一日放假，既用以庆祝肯尼亚于 1964 年 12 月 12 日成立共和国，也用以庆祝肯尼亚于 1963 年 12 月 12 日独立，因此也称独立日；圣诞节，12 月 25 日，如遇周日，则在临近的工作日放假；节礼日，12 月 26 日，是圣诞假期的一部分。另外，肯尼亚还有开斋节，根据伊斯兰教历而定，穆斯林放假。

五、音乐与舞蹈

肯尼亚人热爱音乐，能歌善舞。每年 8 月，内罗毕都会举办肯尼亚音乐节，常有欧美歌手等前来助阵。

肯尼亚音乐可以分为两种，一种是包括传统民间音乐在内的世俗音乐，另一种是福音音乐。歌手也随之分为两类。世俗音乐常以各种方言演唱，著名的世俗音乐家埃诺克·翁德戈曾创作大量爱国和歌颂领袖的歌曲。福音音

---

[1] 原名为莫伊日（Moi Day），用以庆祝肯尼亚第二任总统莫伊执政。莫伊去世后，总统办公室依其遗愿，将节日更名为乌塔玛杜尼日（Utamaduni Day）。

[2] 原名为肯雅塔日（Kenytta Day），以肯尼亚开国元勋乔莫·肯雅塔总统的名字命名，用以纪念肯尼亚独立运动中被捕的六名英雄（包括肯雅塔）。后根据 2018 年的《肯尼亚宪法》修订案，该节日更名为 Mashujaa Day（斯瓦希里语意为英雄日），将纪念对象的范围扩大。

乐源于教堂唱诗班或合唱团。

肯尼亚的舞蹈种类丰富，各个民族部落都有其传统舞蹈。这些舞蹈的共同特点是节奏明快，动作以肢体快速颤抖为主；以鼓声做伴，众人动情伴唱，气氛热闹。政府把舞蹈视作传统文化的重要组成部分，予以支持和保护。在肯尼亚每个文化节和接待外宾时，传统舞蹈表演是必不可少的节目。

第三节　文化名人

肯尼亚政府设立了乔莫·肯雅塔文学奖，用以鼓励国民用斯瓦希里语或英语进行文学创作。肯尼亚文学作品大多表现出民族独立的思想和保护民族语言（主要是基库尤语）的愿望。本节选取被称为"肯尼亚国父"的肯雅塔和肯尼亚知名作家恩古吉·瓦·提安哥为文化名人代表，展现其在文化领域做出的巨大贡献。

一、乔莫·肯雅塔

乔莫·肯雅塔，基库尤族人，是肯尼亚的开国总统，也是一名作家。1895年，肯雅塔出生于肯尼亚基安布郡的一个普通农民家庭，童年丧父，母亲改嫁，家境贫寒，自小便在山上牧羊。1909年11月，肯雅塔从苏格兰传教士办的小学毕业，毕业后从事过很多职业。1924年，肯雅塔加入基库尤中央协会。1928年，肯雅塔被推选为协会总书记，走上职业政治家之路。1929—1936年，肯雅塔周转于伦敦和莫斯科争取民族独立。作为这一时期的学习和研究成果，1938年，肯雅塔第一部著作《面向肯尼亚山》出版。此外，其代表作品还有《我的基库尤人民——温戈姆贝酋长传》（1942 年）和《丛林里的绅士们》（1950 年）。肯雅塔的文学作品主要创作于他为肯尼亚争取民族独立和国家解放的过程中，展现了基库尤族的生活全貌、肯尼亚社会和历史的变化、肯雅塔文化民族主义思想的形成过程。

《面向肯尼亚山》是一部人类学著作，涉及基库尤部族起源、宗族关系、土地分配、教育、婚姻、宗教、祭祀、社会变革等内容，对研究肯尼亚基库尤民族文化具有重大价值。该书被誉为"基库尤人的最优秀著作""在非洲人种志方面最早的、真正有权威和有教益的作品之一"。[1]

《面向肯尼亚山》极具文学性，伦纳德·克莱因认为它是肯尼亚最早的英语文学作品。[2] 肯雅塔广泛运用格言、谚语、寓言故事等口头文学形式，书中有许多戏剧性和故事性的情节和场景描写。该书是东非 19 世纪 80 年代至 20 世纪 60 年代初最具代表性的作品之一，对东非英语文学有着深远的影响。

肯雅塔的文学作品集中体现了他的文化民族主义思想。他在自己的作品中提出，要在肯尼亚发展现代学校教育和保留非洲传统文化及价值观。肯雅塔基于自身成长经历，对教育的作用有深刻的认识。他的作品主张肯尼亚学生应学习欧洲人的思想和技能后将其为我所用，实现肯尼亚乃至非洲民族主义目标。他曾在《纽约时报》发表文章，要求殖民政府提供实践类教育设施，并从所收缴的税款中划拨一部分作为教育经费。[3] 尽管相关诉求没有实现，但肯雅塔在当时殖民统治背景下要求办肯尼亚人自己的学校教育的思想已十分明显。此外，肯雅塔的作品还提出应发掘非洲传统和文化，加强民族自信心和自尊心的主张。

[1] 陈公元，唐大盾，原牧. 非洲风云人物 [M]. 北京：世界知识出版社，1989：347.

[2] 克莱因. 20 世纪非洲文学 [M]. 李永彩，译. 北京：北京语言大学出版社，1991：104.

[3] 布朗. 肯雅塔 [M]. 史宙，译. 上海：上海人民出版社，1976：76.

二、恩古吉·瓦·提安哥

恩古吉·瓦·提安哥是肯尼亚剧作家、文学评论家和小说家，是肯尼亚基库尤语文学的奠基人。1938 年 1 月 5 日，恩古吉出生于肯尼亚南部的利穆鲁。1963 年，恩古吉从乌干达马克雷雷大学毕业，获得英语学士学位。2021 年 11 月，恩古吉获得英国皇家文学学会国际作家终身荣誉奖。恩古吉的代表作有：《孩子，你别哭》（1964 年），讲述主人公参加第一次世界大战后回到家乡，发现土地被抢走的故事；《大河两岸》（1965 年），讲述基库尤族一个村落的恪守传统派和皈依上帝派围绕是否给少女实施割礼而进行斗争的故事；《一粒麦种》（1967 年），以茅茅运动为背景，描写肯尼亚人在反殖民、求独立过程中的生死悲欢；《血的花瓣》（1977 年），描述肯尼亚为了独立所做的牺牲，批评独立后仍然延续的白人高压统治，控诉黑人资产阶级勾结白人商人剥夺农民利益；《十字架上的恶魔》（1982 年），借助戛图利亚这个人物，反映部族语言退化、帝国语言普及的社会事实。

恩古吉的作品充分体现了其保留民族语言在民族文学中绝对地位的观点。他于 1994 年创办基库尤语杂志，鼓励作家使用基库尤语进行创作。恩古吉基于肯尼亚被英国殖民的历史指出，非洲人用殖民者的语言写出来的文学，如英语文学、葡萄牙语文学，并不是非洲文学，非洲文学必须使用非洲本土语言创作，以非洲生活为主要内容。

恩古吉认为语言主要分为占主流地位的语言和处于边缘位置的语言，他鼓励两种语言进行交流，建议将用这两种语言创作的作品进行互译。同样，恩古吉也希望能够把法语、葡萄牙语、斯瓦希里语、西班牙语、英语等作品翻译成基库尤语，促进主流语言与边缘化语言之间的平等对话与交流。

总体而言，恩古吉既捍卫用基库尤语创作，又把用基库尤语创作的作品翻译成英语，这种自我矛盾的双向做法恰好说明恩古吉在主体性身份认同上的两难处境。有学者指出："非洲文学的永恒的主题不是欧洲文学里面的'爱''死'和对于'永恒'的冥想，而是'生存'和'生存感'，是'我是谁'与'我不是谁'的辩证思考。"[1]

---

[1] 蒋晖. 载道还是西化：中国应有怎样的非洲文学研究？——从库切福的后殖民研究说起 [J]. 山东社会科学，2017（6）：65.

第三章 教育历史

第一节 发展阶段

从整体上看，肯尼亚教育发展历史可以分为三个阶段，即前殖民地时期、殖民地时期和独立后时期。外来宗教、文化在肯尼亚的教育发展过程中发挥了重要作用。本节将对各历史阶段的教育发展情况进行梳理和总结。

一、前殖民地时期（1920 年以前）

这一时期，肯尼亚教育从传统教育向现代教育过渡。7 世纪以前，肯尼亚施行传统教育，其主要目的是向晚辈等学习者传授知识、技能、文化价值观，使其社会化。这一时期的教育以家庭教育为主，没有固定的场所，采取与社会、文化艺术、宗教活动和娱乐生活融为一体的教育模式；没有专门的教师，家长和族人长辈充当教师角色；教学内容主要是道德规范、风俗习惯、语言、生活技能等。8 世纪，伊斯兰教育和基督教教育日渐兴盛，在随后的殖民统治中发挥了重要的教育作用。

（一）伊斯兰教育兴盛时期

14世纪初，斯瓦希里社区出现，沿海的阿拉伯和波斯定居者向肯尼亚内陆发展贸易事业和派遣商队，并开始兴建清真寺。附属于清真寺的古兰经学校开始讲授伊斯兰经典和伊斯兰法律，试图教化肯尼亚居民，使其皈依伊斯兰教。

伊斯兰教育阶段明确被分为三级（初等水平、中间水平、清真寺水平），学制一共6年，教学方式以诵经、简单的读写为主，教学语言为阿拉伯语和斯瓦希里语。

伊斯兰教育的目的是教化肯尼亚人成为伊斯兰教信徒，因此，肯尼亚学生只能获得最基本的识字教育，认识阿拉伯文字和斯瓦希里文字，很少学习到专业知识或接受技能培训。其中，肯尼亚女童的教育基本止步于此。

（二）基督教教育盛行时期

1844—1846年，基督教传教士来到肯尼亚沿海地区，把《圣经》翻译成斯瓦希里语，并为蒙巴萨附近酋长的儿子们兴办学校。1846年，第一所西方传教士学校在肯尼亚建立。[1]1884年，英国在肯尼亚确立统治地位，基督教传教士为了能够在肯尼亚立足，开始大量创办教会学校，如中心学校、乡村学校等。为获得政府资助，教会学校开始提供农业和技术方面的简单培训，这些实业培训由偏远地区的灌木丛学校[2]提供，但由于灌木丛学校无法为肯尼亚青年提供担任文书和卫生助理所需的相关技能培训，肯尼亚

---

[1] ESHIWANI G S. Education in Kenya since independence[M]. Nairobi: East African Educational Publishers, 1993：15.

[2] 使用灌木等植被建造用于教学的房屋，因而被称为灌木丛学校。

人表示强烈不满。迫于压力，教会学校开始增加一般教育或普通文化教育，这受到了肯尼亚人的欢迎。到 1917 年，肯尼亚共有基督教开办的中心学校 82 所、乡村学校 410 所，学生规模近 15 万人。[1]

这一时期，肯尼亚的教育受宗教教育影响巨大，肯尼亚人在教会学校获得了一定程度的文化教育和技术教育。这一时期的教育也培养了一批肯尼亚精英，包括后来的肯尼亚总统乔莫·肯雅塔。

（三）西方教育政策探索时期

1909 年的《东非保护地教育报告》指出："技术娴熟的亚洲劳动力的价格日渐上涨，殖民当局被迫考虑给肯尼亚人提供技术教育。"于是，政府开始关注和投资肯尼亚教育，从之前资助、借助教会学校为肯尼亚人提供技术教育，转为直接为肯尼亚人开办学校。当时，政府教育分为两类：一类是为欧洲人和亚洲人开办的普通文化教育，一类是为肯尼亚人提供的实业教育。

1911 年，殖民地成立教育局，通过资助教会学校的方式为肯尼亚人开办技术教育，并将技术教育纳入实业教育轨道。实业教育为每个学生提供 2 英镑的初始设备补助；为每个通过政府部门规定考试的学生提供每年 5 英镑的补助，补助可用于木工、石工、农业、裁缝、铁匠、印刷、医疗领域的工作培训。但殖民政府为肯尼亚人提供的教育内容并不固定，政府也极少参与和指导技术教育。

1918 年，殖民地政府在肯尼亚开展了第一次学校普查工作，发现 410 所教会学校中，约有 3 万肯尼亚学生在学习阅读和写作；肯尼亚本土教师和外籍教师的素质都很低，课程设置不符合政府的指导建议，殖民地白人对教

---

[1] ESHIWANI G S. Education in Kenya since independence[M]. Nairobi: East African Educational Publishers, 1993：17.

育状况普遍不满。这迫使政府重新评估保护地的各项学校计划。当时，新白人移民倾向于对肯尼亚进行实业教育，培养对地区经济发展至关重要的本地工匠。同时，一些肯尼亚人对基督教教育不满，开始要求设立没有宗教教育内容的公立学校。

1919 年的《东非保护地教育报告》的主要内容是保留教会学校，实施宗教和道德教育；对 11 岁以下的学生先进行文学教育以及手眼训练，再将其转到提供技术教育或教师培训的学校；在医疗、行政、商业、工业、农业等领域进行技术培训；仅允许在小学教育阶段使用方言，建议用英语替代方言进行教学，反对使用斯瓦希里语这一通用语言；政府向教会学校拨款以帮助教会学校发展。这一时期，四所技术学校相继建立，面向肯尼亚人提供工匠课程培训。

二、殖民地时期（1920—1963 年）

（一）教育体系建立时期

英国殖民政府建立之初便开始关注肯尼亚教育。1922 年，为明确政府拨款办学的条件并规范相关程序，殖民政府发布教育指令，对肯尼亚所有学校进行审查和分类。该指令要求，学校必须有经过政府审批的课程计划，必修科目要包括用方言和（或）斯瓦希里语的阅读和写作。政府资助建立初级教会学校，这一行为推动肯尼亚教育从探索阶段转向了明确规划阶段，由于政府资助学校建设涉及殖民地财政资源问题，因而吸引了社会上许多人关注肯尼亚人的教育。

一战后，殖民地政府受国际教育理念和东非印度移民争取与欧洲移民同等权利的相关运动 [1] 的影响，认为实业教育是肯尼亚最好的教育，实业教育要优先考虑肯尼亚人。1923 年，英国殖民办公室发布《1923 年肯尼亚白皮书》，英国教育咨询委员会成立，负责监督英国在非洲的教育计划执行情况，这标志着英国在肯尼亚的第一个教育政策启动。这一时期也是肯尼亚三级教育体系的开始。

1924 年是肯尼亚教育发展的关键一年。一方面，《菲尔普斯–斯托克基金报告》[2] 发布，宣布建设以培养学校领导为目标的珍妮学校 [3]。次年，珍妮学校建立，这是肯尼亚第一个教师培训中心。另一方面，殖民政府制定了肯尼亚的第一部《教育令》，要求建立行政区教育委员会，以便管辖区内学校、资助教会学校和颁发殖民地教师执照，从而将教育控制权牢牢掌握在自己手中。同年，非洲教育中央咨询理事会成立，为教育、科学和技术部 [4] 提供咨询服务。在理事会的建议下，学校里可进行宗教教育，并向所有肯尼亚人开放。到 1924 年年底，教育部已将 296 所教会学校列为政府资助的学校，累计招生 12 986 人，资助金额达 14 305 英镑。[5]

20 世纪 20 年代中后期至 30 年代，肯尼亚的中学教育和教师教育有所发展。1926 年，联合中学建立，为肯尼亚人提供中学教育，教育内容以普通文化课程为主，两年普通文化课程后，是教师教育、农业教育或商业教育相关后续课程。随着早期教会学校教育规模的扩大，教师需求随之增加，一些宗教团体也开始建立教师培训机构，截至 1937 年，肯尼亚教师培训中

[1] 一战后，在东非的印度移民要求与欧洲移民享有同等权利，即在立法会议中拥有与之等额的代表席位和购买与经营肯尼亚高地土地的权利。

[2] 菲尔普斯-斯托克基金（Phelps-Stokes Fund）设立于 1911 年 5 月，旨在支持南方地区黑人教育和促进种族间的交流。

[3] 珍妮学校（Jeanes School），是由美国珍妮基金会资助建立的，帮助肯尼亚培训农村教师的学校。

[4] 肯尼亚教育部前身，于 2007 年更名为教育部。为行文统一，后文统称为"教育部"。

[5] East African Standard. The East African red book[M]. Nairobi: East African Standard, 1925: 31-230.

心累计达 100 个。[1]

1931 年，修订版《教育令》规定，在肯尼亚建立咨询委员会、学区委员会和学校委员会，分别举办和管理不同层次的教育。修订版《教育令》还规定了中等学校教师报酬，并把小学教师资格分为珍妮学校教师证书、高级小学教师证书、中级小学教师证书和初级小学教师证书。这一时期，肯尼亚学校教育体制初步建立。

（二）肯尼亚人争取教育权益时期

20 世纪 30—40 年代，殖民统治下的肯尼亚人的受教育权得到了一定程度的保障。英国殖民政府发布文件，重申非洲教育的目标是让非洲人参与居住地相关事务。1937 年 1 月，肯尼亚非洲师范学院成立，旨在为肯尼亚人自己举办的独立学校培养教师。[2] 第二次世界大战期间，英国因战事而忽视肯尼亚的教育发展，同时，许多在肯的欧洲传教士和肯尼亚本土教师被军队的高薪所吸引而不再从教，教会学校和世俗学校因此缺乏教师。师资短缺促使肯尼亚人发起独立学校运动，开展自给自足的普通基础教育[3]，这些学校统称为独立学校。肯尼亚初级小学规模因此不断扩大，截至 1945 年，肯尼亚约有 2 000 所学校，在校学生 20 余万人。[4]

20 世纪 40 年代末，由于殖民政府颁布的教育政策带有明显的政治性和不平等性，肯尼亚人民希望摆脱殖民统治获得教育独立的行动增多。1949 年，英国殖民政府发布的《比彻教育委员会报告》将肯尼亚人的小学

[1] BOGONKO S N. A history of modern education in Kenya (1985-1991) [M]. Nairobi: Evans Brothers Kenya Limited. 1992: 19-21.

[2] MACKATIANI C. Development of education in Kenya: influence of the political factor beyond 2015 MDGs[J]. Journal of education and practice, 2016(11): 55-60.

[3] 肯尼亚基础教育包括小学教育和中等教育，其中小学教育分为初级小学和高级小学两个阶段。殖民统治时期，肯尼亚人接受的基础教育以初级小学教育为主。

[4] 万秀兰. 肯尼亚高等教育研究 [M]. 北京：中国社会科学出版社，2009：12.

教育由 7 年缩短到 4 年，取消独立学校，肯尼亚人接受中等教育、教师教育和高等教育的机会大大受限。尽管《比彻教育委员会报告》遭到肯尼亚人的激烈反对和批评，但该报告仍于 1952 年正式实施。此时，独立学校运动正盛，同时，小学教育年限缩短、毕业生增多促进了中等学校的发展。肯尼亚中等学校由 1952 年的 6 所增加到 1960 年的 32 所，这为肯尼亚人提供了更多的接受教育并参加普通水平考试的机会，使他们进而获得在当地或海外继续接受高等教育的机会。[1]

肯尼亚人在独立学校运动时期便迫切希望建立一所本地的高校。1951 年，内罗毕皇家技术学院获得英国皇家特许，为整个东非地区提供高等教育服务。1961 年，该学院改名为内罗毕皇家学院，开始提供学士学位课程、研究生课程和高级文理科课程。1963 年，英国在东非地区建立东非大学，内罗毕皇家学院作为东非大学的一个学院，改名为内罗毕大学学院。

三、独立后时期（1963 年至今）

独立初期的肯尼亚人民将长久以来积累的自主发展决心付诸实践，使教育领域发生了一系列变化：种族学校制度被废除，统一的国家教育制度建立；教育委员会成立；政府对各级教育进行资助；以考试为中心的 7-4-2-3 学制[2] 开始实施等。1965 年，肯尼亚政府首次在文件中提出实行免费小学教育，扫除文盲、贫困和疾病的目标。1966 年的《经济、社会和文化权利国际公约》承认私立学校，将私立学校视为扩大教育规模的重要途径。同时，哈兰比运动[3] 在肯尼亚 8 个省中的 7 个省中盛行。截至 1970 年，全

---

[1] 万秀兰. 肯尼亚高等教育研究 [M]. 北京：中国社会科学出版社，2009：12.

[2] 7-4-2-3 学制即小学教育 7 年，初中教育 4 年，高中教育 2 年，高等教育 3 年。

[3] 哈拉比，斯瓦希里语 Harambee，意为团结、齐心协力。这里指肯尼亚通过社会筹资兴办中学的运动。

国共有 331 所受政府资助中学和 498 所未受资助中学。[1]1974 年，肯尼亚政府宣布在贫困地区的小学一至四年级实行免费教育；1976 年，政府宣布小学教育全面免费。[2] 在高等教育方面，20 世纪 70 年代，肯尼亚高等教育进入独立发展阶段。1970 年，东非大学解体，内罗毕大学学院更名为内罗毕大学，开始独立发展并不断扩展自己的学系，相较于 1970 年，1980 年其招生人数增长了 1 倍。[3]

20 世纪 70 年代末，《迦特奇报告》和《麦凯委员会报告》两份文件指出小学毕业后失业率上升等社会问题，建议政府调整课程体系，发展职业教育，由此推动肯尼亚学制由 7-4-2-3 学制向 8-4-4 学制[4] 转变。1985 年，肯尼亚宣布实行 8-4-4 学制，小学和中等教育课程内容十分丰富，注重实践性。在高等教育领域，政府承认私立高等教育机构。1980—1990 年，肯尼亚私立和公立高等教育机构都大量增加。与此同时，肯尼亚政府大力发展特殊教育和成人教育，成立成人教育司，指导成人扫盲运动。

进入 21 世纪，肯尼亚政府对教育事业有众多规划。2003 年，肯尼亚教育部再次施行免费小学教育政策，为 6—13 岁的儿童提供免费和义务小学教育。[5] 因此，小学教育入学人数从 2002 年的 610 万增加到 2003 年的 720 万，小学入学率从 92% 上升到 104%。[6] 小学教育入学人数激增导致生师比越发

---

[1] ESHIWANI G S. Education in Kenya since independence[M]. Nairobi: East African Educational Publishers，1993: 17-18.

[2] KABERIA E L，NDIKU J M. The free education policy in Kenya: a critique[J]. International journal of educational administration and policy studies, 2012(1): 1-5.

[3] OKETCH M O. The emergence of private university education in Kenya: trends, prospects, and challenges[J]. International journal of educational development, 2004, 4(2): 119-136.

[4] 8-4-4 学制即小学教育 8 年，中等教育 4 年，高等教育 4 年。

[5] 金楠，万秀兰. 肯尼亚新一轮免费初等教育政策剖析 [J]. 教育发展研究，2007（17）：66-70.

[6] 资料来源于联合国教科文组织官网。

不协调，2003 年，肯尼亚大多数小学的生师比是 50∶1。[1]

2004 年，《教育、培训和研究政策框架》提出到 2005 年普及小学教育的短期目标和在 2015 年之前实现全民教育的总体目标。2005 年，肯尼亚教育部发布《教育部门支持计划（2005—2010 年）》，计划到 2010 年为所有儿童提供优质的基础教育，在保障基础教育公平性、扩大教育机会、提高教育质量、加强教育管理等方面制定了具体目标和实施策略。肯尼亚正式进入以五年制发展规划为指导的教育发展新阶段。

2013 年，肯尼亚颁布《基础教育法》，以此保障每个儿童享有接受免费义务基础教育的权利。同年，《国家教育部门战略规划（2013—2018 年）》具体阐释了肯尼亚未来五年教育部门普及义务基础教育的工作目标和主要措施。2014 年，肯尼亚开始实施国家基础教育课程改革，在国家层面上制定计划和研发课程资源。第二个五年规划期间，肯尼亚在普及小学教育方面取得了较大的进展，小学教育毛入学率在 99% 以上。随着小学教育规模的不断扩大，中等教育和高等教育面临着巨大的入学人数增长压力，8-4-4 学制弊端凸显。为此，肯尼亚政府于 2017 年在全国试行 6-3-3-4 学制[2]。2018 年发布的《国家教育部门战略规划（2018—2022 年）》介绍了 6-3-3-4 学制的含义、学制调整的方案、基础教育课程改革的原因和目标，并强调了学制调整与基础教育改革之间的协调性。2019 年，肯尼亚在全国范围内正式推行 6-3-3-4 学制，并计划在 2026 年完全废除 8-4-4 学制。

---

[1] UNESCO. Challenges of implementing free primary education in Kenya: an sssessment report[R]. Nairobi: UNESCO, 2005.

[2] 6-3-3-4 学制即小学教育 6 年，初中教育 3 年，高中教育 3 年，高等教育 4 年的学制。

第二节　教育家

一、琼·万布伊·瓦伊塔卡

琼·万布伊·瓦伊塔卡是深耕肯尼亚教育实践的女性教育家、女权主义者。琼出生在肯尼亚女性教育备受争议的时期，她通过自身努力，不断言传身教女性应该获得平等的受教育机会，她凭借丰富的管理和教学经验，培养了一大批国家精英，为独立后的国家教育发展做出了突出贡献。

1929 年 6 月，琼出生于一个基督教家庭。她的父亲是苏格兰教会的传教士，高度重视对非洲人，特别是对非洲女孩的教育。1941 年，琼开始在苏格兰教会小学接受教育。1943 年，她以优异的成绩通过了小学教育证书考试并毕业。然而，当时肯尼亚并没有接收非洲女子的初中。1944 年，时任联合中学校长的凯里·弗朗西斯决定破格录取成绩优异的女生入学。1948 年，琼进入联合中学学习。1949 年，她成为第一个，也是当时唯一一个在英国剑桥学校证书考试中获得 A 的非洲女生。之后，琼进入马克雷雷大学学院学习，攻读教育学文凭课程，成为第一个在马克雷雷大学学院就读的肯尼亚女性。1951 年，琼从马克雷雷大学学院毕业并获得教师资格证书，成为第一位获得教师资格证书的肯尼亚女性。

1952 年，琼回到非洲女子高中任教。1959—1966 年，琼在肯尼亚托戈托教师培训学院任教；1967—1968 年 7 月，她被派往海里奇师范学院；1968 年 8 月，她被派往内罗毕女子中学任教；1969 年 8 月，她被任命为联合女子中学校长，成为该校第一位非洲裔校长。当时，全校上下对一个非洲人将要管理全国最好的女子高中这一情况普遍感到不安。琼凭借诚实、正直、勤奋的品德获得了广泛的信任，带领学校不断突破，被学生亲切地称为"琼阿姨"。1984 年，琼从联合女子中学退休。

琼广泛参与国家的教育事业，曾任基安布理工学院发展委员会、托戈托教师培训学院发展委员会、国家教育审查委员会和迦奇特教育委员会委员，为国家教育发展谏言献策。1995 年，肯雅塔大学授予她杰出服务奖，以表彰她对肯尼亚教育的杰出贡献。

琼在教育教学中十分重视培养学生诚实、正直、勤奋等品德。琼桃李满天下，其中不乏教育家、医疗保健专家、农业家、政治家、工业领袖、企业家。琼出生之时，正值肯尼亚女权备受争议的时期，但她凭借勤奋、努力、自律获得众多"第一"，身体力行地证明非洲女性可以与男性一样参与社会发展，并取得好成绩。

二、埃德达·加丘基亚

埃德达·加丘基亚是肯尼亚著名的教育家、企业家、女权主义者，是肯尼亚里亚拉教育集团和里亚拉大学[1]的联合创始人。她也是琼·万布伊·瓦伊塔卡的第一批学生之一，受琼影响，埃德达投身女童教育事业。

埃德达出生于 1936 年 1 月 13 日，1953 年进入马克雷雷大学学院学习，随后获得教育学文凭，1960 年进入肯尼亚锡卡高中任教。1963 年，她前往利兹大学进修英语语言课程。1965—1968 年，埃德达在内罗毕大学攻读学士学位课程，并于 1971 年毕业，获得文学学士学位。1973 年，埃德达获得内罗毕大学文学硕士学位，留校任教，同时在内罗毕大学攻读博士学位，1981 年获得哲学博士学位。

埃德达积极参与国家教育政策制定工作，曾就职于高校，也曾开办学校，力求维护女性的受教育权，致力于提升国家教育的公平性。

---

[1] 里亚拉教育集团成立于 2012 年，位于内罗毕，由 2 所幼儿园、2 所小学和 1 所女子中学组成。里亚拉大学是一所经肯尼亚大学教育委员会认证的私立大学。

1965—1968 年，埃德达在肯尼亚教育研究所（即现今的肯尼亚课程开发研究院）工作，带领团队编写课程材料。1974 年，埃德达被提名为肯尼亚国会女性权益代表；1983 年，埃德达当选肯尼亚国家女性理事会理事长，协调全国女性相关事务。她多次代表肯尼亚和非洲在联合国世界妇女大会上就女性社会地位和受教育权等主题发言和提议。1993 年，埃德达组织创建非洲女性教育家论坛，在 32 个非洲国家开展业务，推动非洲国家关注女性社会地位，保障女童受教育权利。

埃德达先后在 2003 和 2006 年担任肯尼亚"免费小学教育工作组"和"负担得起的中学教育工作组"的负责人，工作组报告被政府采纳，对肯尼亚各级教育的入学条件、升学等相关政策制定产生了巨大影响。她曾在肯尼亚科学师范学院、联盟女子学院、州立女子学校、肯尼亚高中等学校任职，并担任过联合国教科文组织环境人口与可持续发展教育项目的教育发展顾问。

此外，埃德达还是一位教育企业家，她和丈夫丹尼尔·加丘基亚通过开办学校，推动肯尼亚教育发展，尤其是女童教育。1974—2012 年，埃德达与丈夫陆续创办幼儿园、成立里亚拉教育集团和亚里拉大学，深耕教育实践。2020 年，埃德达在斯里尔女子中心学校开设候选班，为处境不利的肯尼亚女童提供优质的教育。

埃德达因其在肯尼亚教育发展方面的杰出贡献而获得数项殊荣。例如，2008 年，肯雅塔大学授予她教育学荣誉博士学位，还为纪念埃德达在女童教育方面的卓越贡献而设立了埃德达·加丘基亚博士科学奖。

第四章 学前教育

　　肯尼亚教育分为四个学段（学前教育、小学教育、中等教育、高等教育）和六个子系统（学前教育子系统、基础教育子系统、职业教育子系统、教师教育子系统、成人教育子系统、高等教育子系统）。《肯尼亚国家教育资格标准》规定，建立普通教育与职业教育融合的国家教育资格体系，将肯尼亚教育资格划分为 10 个等级（第 1 级为小学教育证书；第 2 级为中等教育证书，或一级国家职业教育证书；第 3 级为二级国家职业教育证书；第 4 级为三级国家职业教育证书，或技工证书；第 5 级为四级国家职业教育证书，或技师证书；第 6 级为文凭；第 7 级为学士学位；第 8 级为研究生文凭；第 9 级为硕士学位；第 10 级为博士学位）。其中，在第 2 级阶段普职分离，第 3—6 级阶段指向职业教育，通过学分累积与转换制度，第 7—9 级阶段普职融合。

　　学前教育系统是肯尼亚的教育子系统之一。在肯尼亚，小学入学年龄为 6 岁，对 6 岁以下儿童教育的称谓较多，主要有"学前教育""幼儿发展""幼儿发展和教育""幼儿教育"等，且这些称谓均在官方文件中出现。基于这一情况，本书采用肯尼亚 2019 年《基础教育课程纲要》（以下简称《课程纲要》）中出现的"学前教育"一词，泛指对 6 岁以下儿童所实施的教育。本章将介绍肯尼亚学前教育的发展历史和现状，分析当前肯尼亚学前教育的特点，并讨论学前教育面临的挑战及其对策。

第一节 学前教育的发展和现状

一、历史沿革

从总体上看，肯尼亚学前教育发展历程可划分为三个阶段，分别是独立前的种族隔离制时期、独立后的快速发展时期、进入 21 世纪以来的规划发展时期。

（一）独立前的种族隔离制时期（20 世纪 40 年代至 1963 年）

在传统社会，肯尼亚儿童的学前教育是在社区、家庭中进行的。每个社区都有自己的教育系统，儿童通过参与社区和家庭的日常活动，学习生活知识和技能、当地文化传统和价值观，习得保护自己、储存食物和适应环境的能力。婴儿期教育主要是通过歌曲如摇篮曲和游戏进行；随着儿童的成长，家长通过直接指令、提问测试、讲道德故事和传说等方式进行教育。

20 世纪 40 年代，为了满足在肯尼亚的欧洲和亚洲儿童日益增长的教育需求，英国殖民政府在较大城市的咖啡、茶叶和糖料种植园等地区建立了肯尼亚的第一批托儿所和幼儿园，仅为欧洲和亚洲裔儿童提供学前教育服务，其中，托儿所主要提供早期养护服务，幼儿园则兼顾养护和学前教育之职。20 世纪 50 年代，为压榨儿童家长（主要是承担儿童养育职责的母亲），使其从家庭事务中抽身去参加强迫劳动，托儿所开始为肯尼亚儿童提供监护服务，这类学前教育机构因此在全国范围内快速建立。[1] 在英国殖民统治时期和后殖民时期，肯尼亚的托儿所和幼儿园实行种族隔离政策。

---

[1] ADAMS D, SWADENER B B. Early childhood education and teacher development in Kenya: lessons learned[J]. Child & youth care forum, 2000, 29(6): 358.

（二）独立后的快速发展时期（1963—1999 年）

1. 20 世纪 60—70 年代：探索发展阶段

独立初期，肯尼亚希望建立一种非学术性、非教学性、向儿童提供养护和教育服务的学前教育机构，但因缺乏规划和指导，这一阶段学前教育的课程内容和方法适切性差、缺乏统一性，教师也缺乏专业养护知识和技能，例如，1971 年，全国 5 000 名学前教师中仅有 400 人接受过基础培训。[1]

20 世纪 70 年代初，肯尼亚政府开始关注学前教育。1971 年，在伯纳德·范·里尔基金会 [2] 的资助下，肯尼亚教育部委托肯尼亚教育研究院组织实施了一项为期 10 年（1972—1982 年）的学前教育计划，旨在通过开发针对保育员和教师的培训和适合学前儿童、教师和培训者的学习材料，探索国家学前教育发展的道路。通过落实该计划，肯尼亚学前教育规模不断扩大。1973 年，肯尼亚学前教育约有在校儿童 30 万人，教师 6 326 人。到 1979 年，肯尼亚约有学前教育机构 8 000 所，在校儿童约 40 万人，教师逾 1 万人。[3]

这一阶段的家长和学前教育政策制定者要求学前教育机构为儿童提供阅读、写作和基础数学方面的早期指导，以便让儿童为小学教育做好准备。

---

[1] ADAMS D, SWADENER B B. Early childhood education and teacher development in Kenya: lessons learned[J]. Child & youth care forum, 2000, 29(6): 388.

[2] 伯纳德·范·里尔基金会（Bernard van Leer Foundation）成立于 1949 年，创始人为荷兰人伯纳德·范·里尔。该基金会总部位于荷兰，专注于普通儿童、青年和弱势儿童的小学教育。

[3] ADAMS D, SWADENER B B. Early childhood education and teacher development in Kenya: lessons learned[J]. Child & youth care forum, 2000, 29(6): 358-390.

2．20 世纪 80—90 年代末：管理体系建立阶段

在 1980 年以前，面向 1—6 岁儿童的学前教育完全由个人、社区和非政府组织（如教会、志愿者组织）负责。1980 年，肯尼亚教育部正式接管学前教育，但学前教育并非义务教育，受学前教育并非入读小学的必要条件。此时，肯尼亚学前教育接收年龄 3—5 岁的儿童，全国入学率约 35%。[1] 1982 年，全国学前教育研讨会召开，总结学前教育计划执行过程中的经验和认定相关成果，并提议在中央和地方分别建立国家幼儿教育中心和地区幼儿教育中心。两级中心分别于 1984 年和 1985 年成立。国家幼儿教育中心统管、协调全国学前教育事务，负责公布学前教育成果和确定相关需求；培训全国学前教育教师；开发课程；与外部合作伙伴保持联系；监测和评估全国学前教育发展情况。肯尼亚共有 9 个地区幼儿教育中心，[2] 政府的目标是在每个地区建立至少一个地区幼儿教育中心。地区幼儿教育中心负责培训郡一级的学前教育教师和其他工作人员，监督和检查郡一级学前教育计划的实施情况，制定本地区学前教育的课程和教材，动员社区参与幼儿护理、健康、营养和教育相关活动，参与学前教育的评估工作，开展与学龄前儿童有关问题的研究。

随着学前教育管理体系的初步建立，肯尼亚学前教育得到了极大发展。1994 年，学前教育机构增加到 19 083 所，入学儿童达 951 997 名。[3] 尽管学前教育机构数量和入学人数有所增加，但仅有三分之一的肯尼亚 3—5 岁儿童进入了学前教育机构，大多数儿童因为各种原因留在家中，未能入学。残疾儿童、难民儿童、游牧民儿童和流离失所儿童难以获得学前教育。实

---

[1] ANNE N. The UNESCO/OECD Early Childhood Policy Review Project, the background report of Kenya[R]. Nairobi: Ministry of Education, Science and Technology, 2002: 12.

[2] ADAMS D, SWADENER B B. Early childhood education and teacher development in Kenya: lessons learned[J]. Child & youth care forum, 2000, 29(6): 389.

[3] 李生兰. 非洲幼儿教育述评 [J]. 全球教育展望，1996，（6）：56-59.

际上，肯尼亚政府在学前教育上投入的资源极少，未能为学前教育计划的有效实施提供足够经费。

（三）进入 21 世纪以来的规划发展时期（2000 年至今）

20 世纪末至 21 世纪初，肯尼亚学前教育在国际组织的帮助下继续发展。1997 年，世界银行启动幼儿教育计划帮助肯尼亚发展学前教师培训机构，培训学前教师。肯尼亚政府借此机会组织多部门协作，鼓励私立学前教师培训机构发展，到 2004 年，肯尼亚注册在籍的私立学前教师培训机构达 49 所。[1] 这些私立培训机构在培训学前教师方面发挥了一定的作用，但培训能力十分有限，到 2004 年，肯尼亚仍有 49.3% 的学前教师未接受过培训。[2] 为了解发展中国家学前教育发展情况，2004—2007 年，联合国教科文组织联同经济合作与发展组织面向肯尼亚等国实施"学前教育政策审查计划"，肯尼亚借此机会审查了本国学前教育发展情况。

2005 年发布的《教育部门支持计划（2005—2010 年）》中包括了学前教育改革项目，旨在增加 4—5 岁儿童，尤其是干旱半干旱地区、城市贫民区、贫困地区儿童的受教育机会，提升学前教育质量。项目内容包括制定国家学前教育政策指南和服务标准、增强各地区学前教育能力、提供地区支持补助金、审查课程、改善学龄前儿童健康与营养状况、为幼小衔接做准备、监管评估社区投资情况，经费预算为 23 680 亿肯先令。[3] 2017—2018 财年，肯尼亚完成了该计划提出的国家学前教育政策指南和服务标准制定工作，

---

[1] ANNE N. The UNESCO/OECD Early Childhood Policy Review Project, the background report of Kenya[R]. Nairobi: Ministry of Education, Science and Technology, 2002: 3.

[2] TATA M. Teacher training for early childhood development and education in Kenya[J]. Journal of early childhood teacher education, 2009(30): 222.

[3] Ministry of Education, Science and Technology. Kenya Education Sector Support Programme 2005-2010[R]. Nairobi: Ministry of Education, Science and Technology, 2005: 26.

并向全国 47 个郡的地区政府执行委员会委员和地区学前教育中心协调员发放政策指南与服务标准等相关文件，此外，还完成了学前教育一至二年级的课程开发工作及 170 份课程支持材料的大纲编写工作。[1] 此后，肯尼亚陆续实施《国家教育部门战略规划（2013—2018 年）》和《国家教育部门战略规划（2018—2022 年）》，其中均有关于学前教育的周期性指标和实施策略。

在政府规划推动下，肯尼亚学前教育机构数量和入学儿童人数均有所增加。到 2003 年，肯尼亚的地区幼儿教育中心增加至 31 个，每个中心每两年毕业约 100 名幼儿教师。肯尼亚学前教育的净入学率从 2005 年的 32.9% 上升到 2011 年的 41.8%。[2]

二、现状

（一）4—5 岁儿童免费义务学前教育

肯尼亚是非洲较早关注和发展学前教育的国家，2021 年以前，肯尼亚学前教育是非强制性的，政府强调学前教育中的幼儿养护、发展和启蒙的理念。但随着肯尼亚普及小学教育政策的推进，政府、社会和家庭愈发强调学前教育的幼小衔接作用，逐渐形成了 4—5 岁儿童应该进入学前教育机构、应该为小学教育做准备的观念。到 2021 年，肯尼亚以法律形式明确，由国家实施 4—5 岁儿童免费义务学前教育。

为普及 4—5 岁儿童的免费义务学前教育，肯尼亚举国上下做了长期的思想准备和政策调整工作。肯尼亚《基础教育法》第 2 条规定，"学前教育"

---

[1] Education Sector Working Group. Education sector report: medium term expenditure framework 2021/22-2023/24[R]. Nairobi: Ministry of Education, 2020: 11.

[2] Ministry of Education. Education sector report：medium term expenditure framework 2013/14-2015/16[R]. Nairobi: Ministry of education, 2012: 27.

指针对 4—5 岁儿童进入小学前的教育; 2019 年发布的肯尼亚《课程纲要》在国家统计方法上, 将 3—5 岁的学前统计范围改为 4—5 岁的统计范围, 并将两年学前教育归入基础教育体系; 2021 年, 肯尼亚《幼儿教育法》生效, 该法第 2 条规定, "幼儿教育指在教育机构对儿童实施的入小学前教育项目"; 第 5 条规定, "每个肯尼亚儿童都有在公立教育机构接受免费的、义务幼儿教育的权利"; 第 41 条规定, "年满 4 岁、未满 6 岁的儿童有资格进入公立教育机构"; 第 70 条规定, "删除《基础教育法》'学前教育'一词及其相关表述, 以'幼儿教育'代之。"

(二)学校数量和类别

从学前教育机构的性质看, 公立学前教育机构约占肯尼亚学前教育机构总数的 61%, [1] 且公立学校占比有持续增长的趋势, 这得益于肯尼亚政府实施学前教育权力下放的政策, 地方政府办学权力扩大, 投资新建了许多学前教育机构。

截至 2019 年, 全国共有学前教育机构 46 530 所, 较 2017 年增长了 11.4%。[2] 这些提供学前教育服务的机构大致可划分为 7 类, 其中, 为 3—5 岁儿童提供学前教育服务的托儿所是肯尼亚最常见的学前教育机构, 也是肯尼亚教育部实施学前教育项目的主要机构(见表 4.1)。[3]

---

[1] Ministry of Education. Basic education statistical booklet 2019[R]. Nairobi: Ministry of Education, 2019: 9.

[2] Ministry of Education. Basic education statistical booklet 2019[R]. Nairobi: Ministry of Education, 2019: 9.

[3] ANNE N. The UNESCO/OECD Early Childhood Policy Review Project, the background report of Kenya[R]. Nairobi: Ministry of Education, Science and Technology, 2002: 21.

表 4.1　肯尼亚主要学前教育机构类型

机构类型	托儿所	学前班	幼儿园	日间托儿所	伊斯兰学校	家庭养护中心	幼儿游戏组
学龄	3—5 岁	5 岁	2—5 岁	2—5 岁	2—5 岁	0—3 岁	2—5 岁
开设地	乡村、种植园	内罗毕	富人区	内罗毕	全国	城市贫民区、干旱半干旱地区	富人区
活动内容	养护、早教[1]	学前教育[2]	养护、早教和学前教育	养护、早教	养护、宗教教育	养护、早教	养护、早教
每日时长	4 小时	4 小时	4 或 8 小时	4 或 8 小时	教师决定	8 小时	4 小时
教师资格	小学或初中毕业	初中毕业	初中毕业	初中毕业	教授《古兰经》者兼任	无	无
培训	2 年在职培训	2 年在职培训	2 年职前培训和 1 年在职培训	2 年在职培训	与伊斯兰教育项目结合	在职培训和短期课程	2 年在职培训
责任单位	教育部	教育部	教育部	教育部	教育部	无	无
每月学费	300—500 肯先令	500—1 500 肯先令	10 000—15 000 肯先令	233—3 333 肯先令	免费	酌情以等价物支付（或可资助家庭养护中心）	300—500 肯先令

（三）师生情况

根据图 4.1，肯尼亚学前教育入学儿童数从 2015 年的 317 万人增长到 2018 年的 339 万人；2019 年入学儿童数为 274 万人，与前几年相比大幅下

---

[1] 早教（early stimulation），侧重启蒙教育。

[2] 学前教育（pre-primary education），侧重为入小学而进行的识字、计算和阅读教育。

降，这是因为当年统计标准变化，仅统计 4—5 岁儿童人数，不再统计 3 岁儿童的人数。2015—2019 年，肯尼亚学前教育的性别指数始终保持在 0.96 左右，接受学前教育的男童略多于女童。从年级分布看，2019 年，学前教育一年级（4 岁）的性别指数为 0.96，男童略多于女童；二年级（5 岁）的性别指数为 0.97，性别平等性较一年级略好。[1]

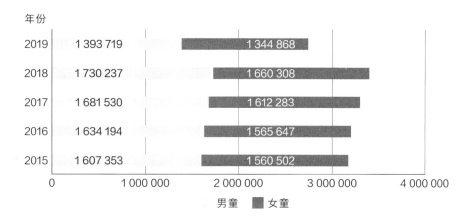

图 4.1 2015—2019 年肯尼亚学前教育入学儿童人数

同时，学前教育的毛入学率从 2015 年的 76.5% 提高到 2018 年的 78.4%；2019 年，因不再统计 3 岁儿童的情况，肯尼亚学前教育毛入学率飙升至 109.4%。然而，相较于入学人数和毛入学率的可喜增长态势，学前教育师资力量却非常薄弱。以 2019 年为例，肯尼亚共有 92 359 名学前教师，其中，公立学校教师占 57.15%，私立占 42.85%；[2] 与之对应，公立和私立学前教育的平均生师比分别为 37∶1 和 21∶1，其中，公立学前教育的生师比远超国际标准（25∶1），过高的生师比意味着教师压力巨大，无法很好地照顾到每一个儿童，促进儿童的个性发展更是无从谈起。

---

[1] 根据肯尼亚教育部历年《基础教育统计手册》整理。

[2] Ministry of Education. Basic education statistical booklet 2019[R]. Nairobi: Ministry of Education, 2019：32.

（四）课程内容与教材

2014 年，肯尼亚决定实施第二次课程改革，开展《课程纲要》编制工作。课程改革规定，所有学习者都应该接受统一的学前教育课程，学前教育课程以能力为本位，为期两年，分为学前一年级（针对 4 岁儿童）课程和学前二年级（针对 5 岁儿童）课程。[1] 如表 4.2 所示，每学时 30 分钟，每周心理指导活动不少于 5 学时，音乐、艺术、手工等创造力开发活动不少于 3 学时。[2]

表 4.2 肯尼亚学前教育一年级和二年级学时分配

学前一年级		学前二年级	
课程内容	学时 / 周	课程内容	学时 / 周
语言活动	5	语言活动	5
数学	5	数学	5
人文和自然环境认知活动	5	人文和自然环境认知活动	5
心理指导和创造力活动	8	心理指导和创造力活动	8
宗教教育活动	1	宗教教育活动	1
农牧活动 [3]	1	农牧活动	1
合计	25	合计	25

该课程计划旨在培养儿童的沟通与合作能力、批判性思维和问题解决能力、想象力和创造力、公民意识、数字素养、学习能力和自我效能感等

---

[1] 据肯尼亚《国家教育部门战略规划（2018—2022 年）》中关于学制的介绍，学前教育学制 2 年，但不强制实施，儿童可根据情况就读 1 或 2 年。此处课程计划按照两年制设计，学生按年龄入学对应年级。

[2] 根据肯尼亚历年《基础教育课程纲要》整理。

[3] 农牧活动（Pastoral Programmes），让学生体验农耕和畜牧活动。

核心能力。该课程计划设定了一般学习目标和具体学习目标，一般学习目标规定了儿童在完成课程计划后核心能力应达到的总体水平，具体学习目标规定了儿童在完成每门课程后各项核心能力应达到的水平。该课程计划的课程大纲如表 4.3 所示，两个年级的学习主题有交叉，前一年级为后一年级做准备。[1] 肯尼亚课程开发研究院与肯尼亚出版协会合作选取符合《课程纲要》的学习资料，上报国家质量保障标准理事会，经审批后发布《审定教材和其他教学资料清单》。该清单至今已修订更新至第 16 版（于 2017 年 1 月发布），其中，可供学前教育一、二年级选择的教材共 324 本，教材出版时间为 2009—2016 年。[2] 各学前教育机构根据实际情况订购教材。

表 4.3 肯尼亚学前教育一年级和二年级课程大纲

学前一年级	·我自己：身体、衣服、朋友 ·家庭：家庭成员、衣着、饮食 ·我们的家：房屋、建筑、餐具、动物、家里的植物、家具、工作 ·我们的学校：学校建筑及其结构、教室、人和事物、动物、学校里的植物、工作
学前二年级	·我们的日常生活：家族、邻居、工作、商店、物质环境、植物 ·我们的学校：上学的路、学校建筑、教师及其他人 ·动物：家畜、宠物、野生动物 ·天气：阳光、云、雨、风 ·水：水源、水利用、水储存 ·我们的市场：物品、买卖关系、人 ·医院 / 药房：人、建筑、活动、衣着、工具和物品 ·时间：时间表述方式、工作日、节假日 ·交通：步行、自行车、机动车、铁路、飞机、船、动物

---

[1] 根据肯尼亚《基础教育课程纲要》整理。

[2] 资料来源于肯尼亚课程开发研究院官网。

第二节 学前教育的特点

一、主要依赖公立学前教育机构

如前文所述，2019年，肯尼亚全国学前教育机构超过4.6万所，这些学前教育机构的办学方式略有不同，有的属于中央政府资助，有的属于地方政府资助，有的则是由私人、社区、教会、慈善团体等建立，但总体上可以划分为公立和私立两种。

从表4.4可以看出，公立学前教育机构数量始终占总数的60%以上，公立学校由中央政府或地方政府出资和主办，在国家课程计划落实程度、教育影响力和教育规模方面都表现较好。[1]普及小学教育政策实施以来，肯尼亚公众对进入公立学前教育机构接受教育，以便为进入小学做准备越发主动积极，公立学前教育机构在幼小衔接方面具有一定优势。

表4.4 2015—2019年肯尼亚学前教育机构数

单位：所

年份	2015	2016	2017	2018	2019
公立	24 862	25 175	25 381	25 589	28 383
私立	15 913	16 073	16 398	16 728	18 147

二、哈兰比精神发挥重要作用

肯尼亚总统肯雅塔为凝聚国民力量、推动国家发展，提出哈兰比发展

[1] 根据肯尼亚教育部历年《基础教育统计手册》整理。

的口号，这一口号极大地促进了学前教育的发展。当公众对教育需求巨大，且政府有意愿发展教育事业但财力有限时，政府便因势利导鼓励农村社区、私营部门通过投资收益等方式，参与学校发展。地方和社区有充分的办学自主权，他们既可以决定何时何地建立一所哈兰比学校，又可以聘用教师及管理学校日常工作。

哈兰比学校确实使许多儿童家长对学前教育产生了一定的期待，也在很大程度上改善了农村和贫困地区学前教育机构短缺、儿童难以就近入学的情况。

在哈兰比精神的影响下，儿童家长发挥所长、提供游戏材料，帮助儿童了解世界；家长通过社区培训等方式参与学前教育，认识到自己有责任规划、发展和管理不同的学前教育项目，在一定程度上缓解社区学校不足和师资缺乏的压力。通过家长和社区自发筹集资金的行动，全国各地开办起许多新的学前教育机构，在一定程度上满足了不断增长的儿童受教育需求，甚至有家长捐出"哈兰比奶牛"，以便给学前教育机构中的学生提供免费牛奶。哈兰比精神在促进家长、社区参与学前教育发展中发挥了重要作用。

三、教育资源高度集中于城市和富裕地区

尽管肯尼亚学前教育总体发展情况呈现良好态势，教育机构数量和入学人数不断增加，但学前教育资源地区分布不均。肯尼亚教育资源高度集中在大城市、经济发展较好的富裕地区和城市里的富人区。表4.1中的7种学前教育机构有4种主要分布在首都内罗毕和富人区，这意味着优厚的学前教育资源仍然集中在少数地区。

同时，以儿童为中心的先进教育方法可以更好地促进儿童发展，但这

种方法只在城市地区的少数私立学前教育机构中使用。肯尼亚大部分公立学前教育机构的工作内容局限于基本养护和为入小学做准备，公立机构大多忽视儿童早期能力开发和稳定的营养膳食供应等工作。

大城市或富人区的学校环境良好，教师的工资待遇较好且发展稳定，因此越发吸引合格的学前教育教师。这些合格的学前教育教师在工作中又因良好的教学环境和稳定的收入而对自己的工作充满信心，愿意提供较好的养护和教育，从而保障了学前教育质量，进而在局部地区形成良性循环，这反而进一步加重了地区教育发展的不平衡。

四、强调为小学教育做准备

肯尼亚课程改革明确指出，新的国家课程应以能力为本位，以促进儿童全面发展为原则，由国家统一规划。学前教育一年级和二年级的课程在实施中尤为注重培养儿童的读写和计算技能，在学前教育结束、进入小学前，儿童还需要参加考试，这使得《课程纲要》在内容设计和实践方面都非常强调知识性。

为了使儿童掌握扎实的知识，做好入小学的准备，大部分学前教育机构，特别是农村地区的学前教育机构采用传统的口头方式进行教学，以教师为导向，花大量时间在帮助儿童记忆字母和数字，学习书写、计数和唱歌上，教师在教学中没有明确的目标，不关心歌曲对孩子们是否有教育意义，也很少帮助儿童建立起对概念的基本理解。这些都展现了肯尼亚学前教育为小学教育做准备的特点。

第三节 学前教育的挑战和对策

一、面临的挑战

虽然肯尼亚为实施 4—5 岁儿童的免费义务教育已经做了较长时间的准备，但是学前教育发展仍然面临着一系列严峻挑战。

（一）经费紧缺和贫困影响入学率和保留率

一方面，学前教育经费紧缺，生均经费远低于其他学段。19 世纪 20 年代末，肯尼亚学前教育生均经费仅为每年 0.61 美元，远低于小学教育的 38 美元、中等教育的 107 美元。[1] 进入 21 世纪以来，尽管政府加大对学前教育的投资力度，但 70% 的学前教育发展经费仍是由家长和社区资助的，这给家长和社区带来了极大负担。目前，肯尼亚许多学前教育机构没有固定的教学楼，教学和游戏活动通常都是在户外的树下进行。[2] 而且政府不为学前教育机构中的儿童提供免费食物，许多学前教育机构也并不供餐。紧缺的经费限制了学前教育的发展，学前教育服务难以保质保量。

另一方面，生活成本增加和贫困程度加重导致大多数父母不能送孩子上幼儿园。52% 的肯尼亚人生活在每天消费不足 1 美元的贫困线以下，大多数家庭都在努力满足基本生活需求，家长更关心的是生存而不是教育。与此同时，学前教育成本不断增加，除学费之外，学前教育机构还征收校服

---

[1] 曹梦婷. 全民教育背景下世界银行对非洲学前教育援助项目研究 [D]. 金华：浙江师范大学，2013: 63.

[2] ADAMS D, SWADENERB B. Early childhood education and teacher development in Kenya: lessons learned[J]. Child and youth care forum, 2000, 29(6): 385-402.

费（大多数学前教育机构所要求的）、书籍费、基础设施维护费、用于支付保安工资的杂费，学前教育机构内还常有强制性的哈兰比捐赠活动，高昂的学杂费让许多家长望而却步。

（二）师资问题

首先，肯尼亚学前教育的教师队伍建设机制不健全。肯尼亚学前教育相关政策虽要求教师具备高素质，但缺少专业认证方法，无法保障教师的质量。为统管教师工作而设立的教师服务委员会没有制定关于学前教育教师的相关标准。尽管法律规定肯尼亚的所有教师必须在教师服务委员会注册，但这一规定不适用于学前教育教师，肯尼亚学前教育教师队伍素质普遍较低，缺乏必要的准入制度。

其次，教师薪资待遇水平低，且缺乏保障。在肯尼亚，学前教育教师的工资由家长、非政府组织、教会和其他合作伙伴支付，其中，家长是否缴纳学费对教师工资的发放有很大影响，教师工资因学生欠缴学费而缺乏保障。肯尼亚学前教师的平均月工资为 2 000 肯先令（约 23 美元），但城乡和地区工资水平差距大，一些地区学前教育教师的最低工资每月不到 10 美元，且多年没有明显上涨。[1]

再次，学前教育教师培训不足。尽管经过多年努力，接受过培训的学前教育教师从 2013 年的 83 814 人增加到 2016 年的 97 717 人，增幅达 16.6%。[2]但日益增加的新教师入职培训需求和入职后续培训需求远超肯尼亚教师培训系统的承载能力。同时，学前教育教师培训费用多是受训教师自己支付，这对薪酬本就不高的教师来说是极大的挑战。

最后，学前教育教师责任感不强。由于管理体制不完善而造成的晋升

---

[1] 蔡星玥. 肯尼亚儿童早期发展的进步与困境 [J]. 科教文汇（中旬刊），2014（4）：159-161.

[2] 根据肯尼亚教育部历年《基础教育统计手册》整理。

困难、经费紧张、教师权力受限等问题导致学前教育教师难以发挥工作积极性，不愿在工作中投入过多时间和精力。因此，缺勤、课堂时间利用不充分、专业不匹配、缺少创新意识和能力、备课不充分等现象普遍，教师懈怠，学前教育整体质量低下，受过培训的教师流失率高。

（三）性别歧视和疾病干扰

受文化、经济和环境因素影响，学前教育面临着性别歧视的挑战。相较而言，男童更容易获得父母支持进入学前教育机构接受教育，女童则多被留在家里帮助母亲拾柴、挑水、照顾年幼的弟妹等。同时，斑疹伤寒、疟疾和乙肝是肯尼亚 5 岁以下儿童群体较常见的疾病，偏远山区、干旱半干旱地区、贫困地区儿童还饱受寄生虫传染病、贫血、营养不良等问题的困扰，这些疾病直接影响学龄儿童能否进校学习，以及影响其在校的表现。即使能够上学，肯尼亚儿童因疾病而导致的旷课、学习表现差等问题也非常突出。

二、应对策略

肯尼亚政府深刻认识到学前教育是小学教育、品格养成和终身学习的重要基础，儿童养护和学前教育在儿童成长过程中具有重要意义。为此，肯尼亚在《国家教育部门战略规划（2018—2022 年）》中做出以下三方面的努力。

（一）普及学前教育

鉴于肯尼亚仍有超过 25% 的学龄前儿童未入学接受学前教育，以及

34% 的家庭生活在贫困线以下无法承担学前教育学费的情况，[1] 教育部努力扩大学前教育普及规模，保障儿童学前教育权。第一，制定学前教育拨款标准，成立贫困、弱势家庭儿童专项教育基金。第二，制定学前教育机构名录，在学前教育落后地区建设更多的学前教育机构。第三，促进公立学前教育发展，为公立学前教育机构提供设备，计划到 2022 年，完善现有公立学前教育体制。第四，加强普及学前教育宣传工作，重点加强低入学率地区的宣传工作。第五，加强多部门协作管理的能力，确保学前教育各利益相关方积极发挥作用，协同普及学前教育。

（二）多途径提高学前教育的质量

首先，肯尼亚政府于 2018 年制定了能力本位的《学前教育课程纲要》。为改善 3—5 岁儿童学习质量，政府将完成能力本位学前教育课程的开发工作并制定推行方案，培训学前教育相关管理者和教师，持续开发符合《学前教育课程纲要》要求的教材和其他学习资料。

其次，完善学前教育评估制度。肯尼亚秉持学前教育评估制度旨在提供反馈、以确保学习者为进入小学做好准备的理念，提倡将评估结果用于帮助儿童发展技能和习得概念。为此，教育部基于能力本位的学前教育课程评估工具，推进关于学前教师评估能力的培训工作，加强学前教育评估信息化建设。

再次，加强学前教师和相关工作人员能力建设工作。为持续提升学前教育服务水平，肯尼亚教育部正在制定学前教师和保育员服务计划，扩大学前教师和保育员招聘规模，将学前教师纳入师范院校培养范围，制定学前教师专业发展计划等，以此解决师资短缺及相关工作人员专业水平低下的问题。

---

[1] Ministry of Education. National Education Sector Strategic Plan 2018-2022[R]. Nairobi: Ministry of education，2019: 38.

最后，完善学前教育标准和质量保障体系。为保障学前教育质量，使适龄儿童具备相应的核心能力，肯尼亚教育部正在构建以学前教育机构为中心的质量保障体系，完善学前教育质量保障标准，全面审查国家学前教育政策。

（三）关注弱势群体受教育权益

一方面，肯尼亚政府进一步扩大性别平等的宣传工作，向社会公众，尤其是农村和落后地区的父母等宣传男女平等的思想，呼吁家长对女童教育给予必要的关注。同时，肯尼亚教育部呼吁重点关注低收入群体、农村地区人口、艾滋病毒携带者、单身母亲等群体，通过制定相应优惠政策、分配专项资金等方式保障其子女接受学前教育的权利，提供具有包容性的、全面的学前教育。

另一方面，学前教育相关部门与社会福利、卫生健康等领域的政府部门协同制定了全面、系统的儿童健康和营养干预措施。例如，肯尼亚政府正逐步在学前教育机构中提供清洁的饮用水和卫生设施，宣传勤洗手等卫生习惯，保障儿童的生命健康，减少疾病传播对学前教育发展产生的消极影响。

第五章 基础教育

基础教育系统是肯尼亚的教育子系统之一，包括小学教育和中等教育。2017 年，肯尼亚的基础教育学制正式由 8-4 学制变更为 6-3-3 学制，基础教育总年限仍为 12 年，但小学教育和中等教育阶段的学习年限略有调整。本章梳理肯尼亚基础教育的发展历程和现状，分析其特点，介绍其面临的挑战及对策。

第一节 基础教育的发展和现状

一、历史沿革

肯尼亚的基础教育可划分为前殖民时期、英属殖民地时期和独立自主发展时期三个阶段。

（一）前殖民时期（700—1920 年）

公元 700 年前，肯尼亚基础教育尚未成形，没有正式的学校教育制度，也没有专门的教师,对儿童道德、风俗、习惯、语言的教育主要由家庭和社会承担,当儿童年满 6 岁之后,按性别开展不同类型的劳动教育。[1]

公元 700 年后,随着伊斯兰教和基督教传入东非,宗教教育在肯尼亚建立起来。一种是 12 世纪初通过古兰经学校而实施的伊斯兰教育,为期 6 年,以伊斯兰经典和法律为主要学习内容,分为初级水平、中间水平和清真寺水平三级,许多肯尼亚青年人在古兰经学校接受了阿拉伯文字或斯瓦希里文字的识字启蒙教育。另一种始于 1846 年,德国基督教传教士在蒙巴萨拉巴伊地区建立了肯尼亚的第一所教会学校,对被释放的肯尼亚奴隶开展基督教教育。[2] 20 世纪初,英国政府通过资助教会学校和建立兼顾技术与文化教育的教育机构,参与肯尼亚的基础教育,旨在培养高素质的廉价劳动力。到 1917 年,肯尼亚基督教教会有 82 所中心学校和 410 所乡村学校,学生分别达到 1.2 万人和 11.9 万人。教会学校最初不被当地人接受,后来,教会学校开始迎合政府,承担农业、工业等技能技术培训,并在当地人的要求下,增加了一些普通文化知识内容,才逐渐被当地人接受。[3]

这一时期,英国政府在基础教育阶段施行 4-4-2-4 学制,即初级小学 4 年(包括 2 年学前教育和小学一至二年级),高级小学 4 年(小学三至六年级),初中 2 年,高中 4 年。[4] 该学制主要为欧洲人服务,大多数肯尼亚人仅有机会接受教会学校提供的初级小学教育,只有极少数的优秀肯尼亚学生在通过英国政府组织的考试后能够接受这一学制所包含的全部阶段的教育。

[1] ESHIWANI G S. Education in Kenya since independence[M]. Nairobi: East African Educational Publisher, 1993: 15.

[2] WANJOHI A M. Development of education system in Kenya since independence[J]. KENPRO online papers portal, 2011: 56.

[3] 万秀兰. 肯尼亚高等教育研究 [M]. 北京:中国社会科学出版社,2009:4.

[4] 张玥、陈明昆. 从学制更迭看肯尼亚教育体制的发展变化 [J]. 世界教育信息,2019(16):12-16.

（二）英属殖民地时期（1920—1963年）

20世纪20—30年代初，肯尼亚基础教育体系逐渐建立。

1920年，英国宣布肯尼亚为其殖民地时，殖民政府并未直接参与肯尼亚基础教育建设，教会学校仍扮演着重要角色。1924年，殖民政府颁布的《教育令》规定，在每个行政区设立一个学区委员会以了解各教会学校运行情况。由于殖民政府的中学很少接受肯尼亚人，完成小学教育的肯尼亚人无法升学，其中等教育问题急需解决。1926—1930年，联合中学[1]和喀巴学校[2]建立，招收教会学校的肯尼亚籍小学毕业生，提供初中课程，学制四年（两年的普通文化教育课程和两年的教师培训课程、农业课程或商业课程）。学生完成四年的初中学习后可以参加殖民政府组织的高中入学考试，通过考试后进入马克里尔学院继续学习，完成两年高中课程后获得英国的普通教育水平证书；完成初中学习的学生也可以参加由两校组织的普通教育水平考试，获得学校证书，其中，教师培训课程学生通过考试获得初中教师资格证书。同一时期，珍妮学校建立，提供教师和教育管理者培训。至此，以实业教育为主的肯尼亚基础教育体系基本确立，与殖民政府的学制基本匹配。

1931年，殖民政府修订《教育令》，要求建立英国教育咨询委员会—学区委员会—学校委员会的三级管理体系，分别运营和管理不同层次的教育。1934年，殖民政府设立区教育委员会取代学区委员会，成员主要是肯尼亚人，负责学区内学前教育机构和初级小学的新建、发展、经费管理等工作。到了20世纪30年代后期，肯尼亚人自主发展教育的意识逐渐增强，不断要求建立更多的由肯尼亚人自己管理的学校。[3]

---

[1] 由新教使团建立，不招收罗马天主教学生。

[2] 在喀巴地区举办的中学，招收肯尼亚天主教学生。

[3] BOGONKO S N. A history of modern education in Kenya (1985-1991)[M]. Nairobi: Evans Brothers Kenya Limited, 1992: 38-40.

20 世纪 40—50 年代，殖民政府所推行的教育政策与肯尼亚人争取基础教育权益之间的矛盾日益锐化。1947 年，60% 的欧亚裔儿童可就读于殖民政府资助的小学，而仅有 0.4% 的肯尼亚儿童可以进入这些小学，大部分肯尼亚儿童仍然就读于教会学校（41%）或者社区学校（54%）。与此同时，学校数量不足，教学质量难以保证，学生辍学率极高。[1]1949 年，《比彻教育委员会报告》提出施行 4-4-4 学制，即小学、中间学校[2]、中学各 4 年。小学 4 年使用斯瓦希里语教学（第 3 年开始增设英语课），毕业后通过竞争性入学考试者可以进入中间学校学习；中间学校开设了农业、家政等职业技术课程，使学生为升学做准备的同时，也为成为熟练劳动力做准备。在中间学校学习结束后，通过考试者可以进入中等学校学习。中等学校校内有小型混合农场，学生在学校农场学习种植。

尽管《比彻教育委员会报告》遭到多方反对，但最终仍获得通过，并于 1952 年开始执行。新学制背景下，欧亚裔 7—15 岁儿童都能接受 6 年义务教育，但非裔儿童没有同等待遇；两者的升学考试是分开进行的，且因学制差异，教育水平差距极大，肯尼亚学生很少能被中学录取。为打破殖民者垄断基础教育话语权的局面，肯尼亚人民发起过多次自主办学运动。

总体而言，英国现代化的教育理念和教育体制为肯尼亚基础教育的发展奠定了基础，但这一时期的肯尼亚基础教育带有殖民主义色彩和种族歧视色彩，教育质量也难以保障。

（三）独立自主发展时期（独立之后）

肯尼亚独立前夕，全国仍有 75%—80% 的文盲，只有 20%—40% 的 5—

---

[1] SOMERSET A. Access, cost and quality: tensions in the development of primary education in Kenya[J]. Journal of education policy, 2011, 26(4): 483-497.

[2] 在 4-4-4 学制中，中间学校即原 4-4-2-4 学制中的高级小学。

14 岁儿童有机会进入小学。[1] 1963 年独立后，肯尼亚政府重新审视国家的教育事业，尤其关注小学教育的普及问题。

1964 年，负责肯尼亚教育事务的奥民德委员会发布报告，决定开始使用 7-4-2 学制，即小学教育 7 年，初中教育 4 年，高中教育 2 年。该学制与英国学制相似，肯尼亚儿童在 7 岁时开始接受小学教育，13 岁参加东非小学教育证书的区域考试，通过者方可进入初中学习；高中毕业前，全国组织毕业考试，考试合格后发放毕业证书。该报告还要求废除小学教育中的职业教育相关内容，改革历史、地理等学科的教学内容，注重普通文化知识的教学。独立后，肯尼亚实行学校国有化，教会学校也引入了更多的世俗教育内容。

20 世纪 60—70 年代，高入学率和高辍学率是肯尼亚基础教育发展的主要问题，与之相伴的中学生毕业即失业问题也引起政府和社会的广泛关注。肯尼亚失业委员会指出，失业问题的根本原因是 7-4-2 学制的课程设置过于学术化，学生没有学到融入社会的生活技能。为此，在 1976 年《迦特奇报告》和 1981 年《麦凯委员会报告》的推动下，肯尼亚更改学制为 8-4 学制，同时重构课程体系，小学教育中加入职业教育相关内容的科目，进一步确立了国家自力更生的教育指导思想。1985 年，8-4 学制正式施行。

二、现状

（一）学制和考试制度

2017 年，肯尼亚政府在 470 所学校试行 6-3-3 学制。2019 年，肯尼亚

---

[1] 蓝建. 独立时期肯尼亚政府的教育观 [J]. 外国教育研究，1995（1）：48-50.

政府在全国范围正式推行 6-3-3 学制，并计划在 2026 年完全废除原来的 8-4 学制。肯尼亚基础教育学制目前正处于过渡期，新旧两种学制并存。

6-3-3 学制下，年满 6 岁的肯尼亚儿童方可进入小学，其中一至三年级为基础学习阶段，称为"初级小学"，四至六年级为过渡学习阶段，称为"高级小学"；初中教育从 12 岁开始，持续 3 年；高中教育为期 3 年，高中教育阶段的培养方案更有针对性，学生可以选择适合自己的科目学习。高中毕业后，学生可根据自己的职业规划选择进入职业院校还是高等教育机构继续学习。6-3-3 学制以能力本位的课程为基础，并强调职业教育的重要性，通过形成性评价来衡量每个学生的发展情况。[1]

基础教育各学段结束时均设有国家考试作为学业成果监测和升学的依据，考试由肯尼亚国家考试委员会组织实施。基础教育阶段的考试包括两次升学考试。一是小学毕业前的肯尼亚小学教育证书考试，考试科目为英语、斯瓦希里语、肯尼亚手语、农业与科学、数学、社会研究和宗教教育，成绩以百分制呈现，考试合格后方可进入初中学习。[2] 二是高中毕业前的肯尼亚中等教育证书考试，考试内容根据学生高中选科情况决定，成绩以等级制呈现，成绩由高到低分为 5 级 12 等，分别是 A、A–、B+、B、B–、C+、C、C–、D+、D、D–、E，学生凭考试成绩获得升入大学的资格或进入职业院校，获得 C+ 以上方有资格申请接受高等教育。[3]

（二）培养目标

肯尼亚基础教育的培养目标是使学龄儿童和青少年成为具备识字能力、计算能力、创造力、沟通能力、批判思维能力、逻辑判断能力，能够

---

[1] 资料来源于肯尼亚教育部官网。

[2] 张玥，陈明昆. 从学制更迭看肯尼亚教育体制的发展变化 [J]. 世界教育信息，2019（16）：12-16.

[3] 资料来源于肯尼亚国家考试委员会官网。

享受学习、终身学习的世界公民。同时，基础教育还塑造学生正确的社会观、人生观、道德观、宗教价值观，培养其审美能力，使其能够欣赏和尊重工作，能够欣赏本民族和其他国家与民族的文化，成为自律、身心健康的人。

（三）学校类型与数量

肯尼亚的小学分为三种类型。一是公立小学，由政府出资创办，免学费，提供免费教材，并对贫困生提供免费午餐，是肯尼亚多数家庭的首选。但公立学校数量不足，不是所有儿童都有机会进入此类学校。二是私立小学，由个人创办，学校基础设施和教学质量整体较好，但学费很高，每月大约 5 000 肯先令，普通民众难以负担。[1] 三是社区学校，由社区组织 [2] 创办，免学费（或向少部分有支付能力的家庭收取部分学费），无法进入公立小学的贫困孩子多进入此类学校。这三类学校的教育质量参差不齐，设备最好、质量最高的学校通常是大城市中的私立小学，乡村地区的公立小学和社区学校的教学质量普遍要低得多。[3]

根据资助类型，肯尼亚中学可以划分为三类，一是中央政府资助的中学，二是私立中学，三是地方郡政府部分资助的哈兰比中学。2003 年 1 月，肯尼亚开始施行 8 年免费小学教育政策，2017—2019 年，肯尼亚中小学校数量稳步增加。小学学校数增长了 2.8%，其中公立小学增长了 0.6%，尽管同私立小学（9%）比涨幅较小，但公立小学仍是肯尼亚小学教育机构的主体。中学学校数增长了 17.1%，其中公立中学增长了 18.4%，私立中学增

---

[1] 张秋 . 关于肯尼亚基础（小学）教育的调研 [J]. 环球人文地理，2014（24）：176.

[2] 社区组织由社区居民自愿组建，旨在完成一些本该由政府负责但政府并未做到的事情。

[3] 资料来源于肯尼亚法务部官网。

长了 9.8%（见表 5.1）。[1] 公立中学增长迅速主要得益于政府 2008 年发起的
"贫困生免费中学计划"和"100% 升学政策"。随着小学教育规模不断扩张，
小学毕业生随之增多，人们对中学教育的需求也日渐增长，增建中学、扩
大招生规模的事宜迫在眉睫。

表 5.1 2017—2019 年肯尼亚小学和中学数量 [2]

单位：所

学段	学校类型	2017 年	2018 年	2019 年
小学	公立	23 139	23 336	23 286
	私立	8 310	8 447	9 058
	合计	31 449	31 783	32 344
中学	公立	7 543	8 791	8 933
	私立	1 415	1 479	1 554
	合计	8 958	10 270	10 487

（四）入学人数与入学率

自肯尼亚试行 6-3-3 学制以来，基础教育发展良好。如表 5.2 所示，除
2019 年小学入学人数略有减少外，2017—2019 年的基础教育入学人数总体
呈稳步增长趋势，其中，公立小学和公立中学分别招收了当年相应学段入
学总人数 80% 以上的学生。[3]

---

[1] Ministry of Education. Basic education statistical booklet 2019[R]. Nairobi: Ministry of Education, 2019: 8.

[2] 由于 6-3-3-4 学制于 2019 年才正式推行，故本章及后续章节所涉及数据统计均为 8-4-4 学制下的统计数据。

[3] Ministry of Education. Basic education statistical booklet 2019[R]. Nairobi：Ministry of Education, 2019：10.

表 5.2 2017—2019 年肯尼亚小学和中学入学人数

学段	学校类型	2017 年	2018 年	2019 年
小学	公立	8 879 685	8 930 924	8 454 606
	私立	1 410 470	1 458 902	1 617 434
	合计	10 290 155	10 389 826	10 072 040
中学	公立	2 581 609	2 810 655	3 045 227
	私立	201 135	202 760	217 724
	合计	2 782 744	3 013 415	3 262 951

在入学率方面，2016—2019 年，肯尼亚小学毛入学率始终保持在 99.6% 以上，前三年高达 104%；与之相比，中学毛入学率为 66.8%—71.2%，肯尼亚仍需鼓励小学毕业生升入中学，继续推进"贫困生免费中学计划"和贯彻落实"100% 升学政策"。[1]

近年来，肯尼亚基础教育在推进性别平等方面取得了较好的成绩。参考联合国教科文组织的性别平等指数标准（0.97—1.03），2019 年，肯尼亚小学和中学性别平等指数分别为 0.97 和 1，从整体上看，肯尼亚基础教育阶段已实现性别平等。[2]

（五）师资情况

肯尼亚重视建设教师队伍，提升教师数量和质量。以 2019 年为例，肯尼亚小学教师和中学教师总数分别为 287 532 名和 116 910 名，其中公立小学和中学教师总数分别为 218 760 名和 105 234 名，占比分别为 76.1% 和

---

[1] 根据肯尼亚历年《教育部门报告》整理。

[2] Ministry of Education. Basic education statistical booklet 2019[R]. Nairobi：Ministry of Education, 2019：15.

90%。[1] 由此可见，肯尼亚教师仍主要受雇于公立教育体系内。

从生师比看，2019 年，公立和私立小学的生师比分别为 39∶1 和 24∶1，公立和私立中学分别为 29∶1 和 19∶1。[2] 参考国际标准（小学 40∶1 和中学 35∶1），从整体上看，肯尼亚基础教育不同阶段的生师比均较为理想，且私立学校的生师比优于公立学校。但是，从地区发展差异来看，肯尼亚 47 个郡的生师比差距较大，例如，图尔卡纳郡、曼德拉郡和内罗毕郡的小学生师比分别为 81∶1、74∶1 和 56∶1，[3] 这表明这些地区小学教师数量明显不足。总体而言，当前，肯尼亚教师资源十分紧张，在经济发展水平较好的地区，因学习需求量大，教师紧缺的状况尤为明显；在经济发展水平较差的地区，因条件艰苦且待遇较差，教师不仅人数不足，且资历较浅。

（六）课程内容

2019 年，肯尼亚发布《课程纲要》，对各学段课程设置做了详细规定。

在小学阶段，初级小学和高级小学课程略有不同。初级小学设有读写能力、英语、斯瓦希里语（或针对聋哑学生的肯尼亚手语）、数学、卫生和营养、人文和自然环境教育、宗教（基督教、伊斯兰教、印度教）、运动及创意 8 门课程；高级小学设有英语、斯瓦希里语（或肯尼亚手语）、数学、家政、科学和技术、农业、宗教（基督教、伊斯兰教、印度教）、美术、体育和健康教育、社会研究 10 门课程，新增外语（德语、法语、中文、阿拉伯语）、土著语言、肯尼亚手语、盲文阅读 4 门选修课，并设置了每周一次的牧区实践活动。

中学课程更加专业化，注重技能和语言教育。其中，初中阶段通过让

---

[1] Ministry of Education. Basic education statistical booklet 2019[R]. Nairobi：Ministry of Education, 2019：32.

[2] Ministry of Education. Basic education statistical booklet 2019[R]. Nairobi：Ministry of Education, 2019：34.

[3] Ministry of Education. Basic education statistical booklet 2019[R]. Nairobi：Ministry of Education, 2019：35.

学习者学习英语、斯瓦希里语（或肯尼亚手语）、数学、综合科学、健康教育、职业前指导、农业、宗教（基督教、伊斯兰教、印度教）、商业研究、社会研究、生活技能、体育运动12门核心课程，使学生能够挖掘并发展自身的潜能。另外，初中阶段还设有选修课程，包括视觉艺术、表演艺术、家政、计算机科学、外语（德语、法语、中文、阿拉伯语）、肯尼亚手语、土著语言7门，学生从中选择1—2门。

普通高中阶段旨在培养有能力、有参与精神、有道德的公民，使学生具备为国家社会经济发展做贡献的能力。高中课程分为三大类：艺术和体育类，社会科学类和科学、技术、工程与数学（Science，Technology，Engineering，Mathematics，以下简称STEM）类，各类设有若干课程方向，如表5.3所示。[1] 社会科学类课程由学生根据职业规划自由选择，不做必修与选修要求；其他两类分别设置若干必修课程和选修课程，选修课程的选修要求略有不同。高中阶段的学习为学生将来接受高等教育或就业奠定基础。

表5.3 肯尼亚普通高中的课程设置

类型		必修课程	选修课程及选修要求	
艺术和体育类	艺术科学	①艺术的方法和伦理 ②沟通交流技能	①表演艺术：音乐、舞蹈、戏剧和演讲 ②视觉与应用艺术：美术、数字媒体等	选1类
	体育科学	①人体生理学、解剖学和营养学 ②体育伦理学	①球类　②田径　③室内游戏　④体操 ⑤水上运动　⑥拳击　⑦武术 ⑧户外活动　⑨体育教育前沿	选1—2门

---

[1] 资料来源于肯尼亚国家考试委员会官网。

续表

类型		必修课程	选修课程及选修要求	
社会科学类	人文科学	①历史和公民　②地理　③基督教　④伊斯兰教　⑤印度教 ⑥商业研究　⑦数学		选3—5门
	语言科学	①英语语言学　②英文文献学　③斯瓦希里语史 ④斯瓦希里语文学　⑤肯尼亚手语　⑥土著语言 ⑦阿拉伯语　⑧法语　⑨德语　⑩中文		选3—5门
STEM类	基础科学	①社区服务 ②学校体育 ③信息通信技术	①数学　②物理　③化学　④生物	至少选3门
	应用科学	①社区服务 ②学校体育 ③信息通信技术	①农业　②计算机科学　③食品和营养 ④家庭管理	选1门
	技术工程	①社区服务 ②学校体育 ③信息通信技术 ④数学 ⑤化学和生物 ⑥物理	①农业技术　②环境科学技术 ③海洋和渔业技术　④航空技术 ⑤木材技术　⑥电气技术　⑦冶金术 ⑧动力学　⑨服装技术　⑩建筑技术 ⑪媒体技术　⑫电子技术 ⑬制造技术　⑭机电一体化	选1门
	职业技术	①社区服务 ②自然科学 ③信息通信技术	①服装制作和室内设计　②皮革制作 ③烹饪技术　④美容美发技术 ⑤管道和陶瓷　⑥焊接和制造 ⑦旅游　⑧空调和制冷 ⑨动物保护　⑩外观设计与景观设计 ⑪建筑施工　⑫摄影 ⑬平面设计及动画　⑭食品和饮料 ⑮机动车辆力学　⑯消防 ⑰木工和细木工　⑱金属制品	选1门

第二节 基础教育的特点

一、学制变更频繁

自独立以来，肯尼亚基础教育学制从 7-4-2 制变更到 8-4 制，再变更到 6-3-3 制，变更较频繁。经过反复探索尝试，当前肯尼亚小学教育学制缩短为与国际常用的 6 年制一致，中等教育初中段和高中段各 3 年。

学制变更的主要目的是为解决小学教育高入学率、低完成率的问题。原本覆盖小学 8 年的义务教育被调整为覆盖小学 6 年和初中 2 年，这有利于使更多小学毕业生进入中学学习精深知识和职业课程，实现肯尼亚《2030 年愿景》和联合国可持续发展目标中的相关目标。

频繁变更的学制展现了肯尼亚对基础教育的高度关注和反思，其探索过程也表现出科学性和合理性，例如，实行 6-3-3 学制前，政府在全国进行了试点，这使得学制变更工作更具有示范性和可推广性。

二、政府宏观调控

进入 21 世纪以来，肯尼亚政府通过制定战略规划，加强对基础教育发展的宏观调控。2012 年，教育部颁布《教育和培训的政策标准》，为实现"为全民提供优质基础教育"的愿景而设定 17 个发展目标，目标包括到 2014 年建立国家教育资格认证体系，到 2017 年消除基础教育中的性别歧视和区域差异，到 2020 年实现基础教育公平和提升基础教育质量等。

2018 年，肯尼亚教育部制定了《国家教育部门战略规划（2018—2022

年)》，该文件以"建立有质量且具有包容性的教育、培训和科研体系，促进可持续发展"为愿景，围绕教育公平、教育质量、教育治理等主题，设定了未来五年基础教育等领域的具体发展方向和任务。例如：在小学教育方面，到 2022 年，将小学教育的净入学率提高到 93.1%，促进小学教育的公平性和包容性，通过课程改革、质量评估机制改革、在教学和评估中融入信息技术等方式提高教育质量，提升学生的社会适应能力与国家意识，通过"伟大的联合"国家志愿服务计划缩小地区间的教育发展差距，增强国家凝聚力；在中等教育方面，进一步增加中等教育的入学机会，到 2022 年，将中等教育毛入学率提高到 83%，确保大部分小学毕业生都可以顺利过渡到中学阶段，增强中等教育的治理能力，建立教育质量问责机制等。[1]

总体而言，肯尼亚政府的教育战略规划目标明确，在各优先发展领域制定了相应的二级目标、中期指标和实施策略，逐步推进基础教育向高质量、高效率的方向发展。

三、社会力量参与

肯尼亚各郡人口分布不均，贫富差距和教育环境差异明显，为促进不同区域和不同群体的基础教育的均衡发展，肯尼亚鼓励社会力量参与到基础教育中，以正规和非正规教育协作的形式保障学龄儿童和青少年接受到最基本的教育。

例如，针对游牧地区儿童的小学教育需求，肯尼亚政府制定"基础教育替代计划"，鼓励社会团体、社区和私营部门与政府合作，创办随着牧民

---

[1] Ministry of Education. National Education Sector Strategic Plan 2018-2022[R]. Nairobi：Ministry of Education，2019: 41-46.

一起迁移的流动学校。[1] 虽然这类学校的教师大多没有经过专业培训，但仍能教儿童一些初级的数字和语言知识和技能，并使其在短时间内获得基本的生存技能。[2] 在中等教育方面，哈兰比中学在政府的认可和资助下不断提升教育质量，成为肯尼亚扩大中等教育规模的重要力量。另外，肯尼亚政府还鼓励青年理工学院、全国青年服务社等，为基础教育辍学者提供非正规继续教育课程，增强失学青年的就业能力。[3]

在教育资源紧缺与人民群众基础教育需求日益增长的紧迫形势下，肯尼亚整合社会力量参与教育事业，在一定程度上保障了基础教育的规模性发展。

四、课程改革强调语言和信息技术素养

进入 21 世纪以来，肯尼亚基础教育发展最显著的特征是紧跟国际教育思潮，实施课程改革，在课程内容和结构上，给予了语言类课程和数字素养类课程较大的关注度。英语、斯瓦希里语（或针对聋哑学生的肯尼亚手语）均是必修课，增设了土著语言、阿拉伯语、德语、法语、中文等语言类选修课，这既体现了肯尼亚民族语言多样化的特点，又培养了学生适应全球化发展的通用语言素养。

对学习者信息技术素养的培养贯穿于课程实施和教学场域中。一方面，在小学教育、中等教育各年级课程中融入信息通信技术课程。例如，在中学阶段，一般每周约有三课时计算机相关课程，这些课程以掌握计算机的使用和维护方法，了解计算机应用程序在完成日常生活、学习和工作任务

---

[1] 资料来源于"研究之门"网站

[2] RUTO S J. The contribution of non-formal schools in enhancing the provision of basic education in Kenya[D]. Heidelberg: University of Heidelberg, 2004: 217-222.

[3] 韩延明. 肯尼亚教育发展与改革 [J]. 外国教育资料，1994（6）：72-75.

中的作用等为目标。信息通信技术通常还与其他课程相融合。[1]另一方面，基于智能教室建设的信息通信技术数字学习资源库已开发8 500个学习单元，包含 STEM 学科知识，为广大中小学师生提供了广泛的教与学资源。通过以上举措可见，肯尼亚基础教育正在教学内容和环境等方面做出努力，提升师生的信息技术素养。

第三节 基础教育的挑战和对策

一、面临的挑战

虽然肯尼亚基础教育起步较早，独立以来也受到政府重视，但在发展过程中仍面临着一系列严峻挑战，主要体现在校园安全问题、教育质量、教育公平、规划的实施情况四个方面。

（一）校园安全问题突出

肯尼亚基础教育系统应急能力较弱，校园安全问题突出。突发的自然灾害或人为灾害，如洪水、干旱、火灾、疫情、种族冲突、恐怖袭击、政局不稳等，易导致基础教育教学活动无法正常开展。肯尼亚每年的干旱灾害平均影响到约25万名学龄儿童的学习活动。[2]肯尼亚校园中经常发生暴力和极端主义事件，如放火焚烧学校、学生动乱、暴力罢工等。仅

---

[1] KISIRKOI F K. Integration of ICT in education in a secondary school in Kenya: a case study[J]. Literacy information and computer education journal, 2015(6): 1904-1905.

[2] Ministry of Education. National Education Sector Strategic Plan 2018-2022[R]. Nairobi: Ministry of Education, 2019: 28.

2016 年，就有近 120 起纵火事件；2017 年，世界疾控中心调查报告显示，肯尼亚是校园欺凌行为最严重的国家之一，57% 的学生曾遭受过校园欺凌。[1]

（二）整体教育质量不佳

肯尼亚基础教育存在升学率低和辍学率高的问题。在 8-4 学制下，肯尼亚小学为义务教育，小学一至七年级的人数比较稳定，但小学阶段结束后，升学率急剧降低，辍学率迅速提高。原因有二：一是中学教育为非义务教育，中学学费对于大多数肯尼亚家庭来讲是一笔不小的数目；二是小学教育年限过长，8 年学业结束时，许多肯尼亚家庭抱有"这么多年的教育已经足够"的想法，终止了孩子的教育。

肯尼亚基础教育质量整体偏低，学生并未对升学和学段衔接做充分准备。例如，2013—2018 年，尽管有 50% 的考生在肯尼亚小学教育证书考试中得分超过国家平均分，但国家考试委员会调查发现，近 18% 的三年级学生并没有掌握基本的算数技能，64% 的学生不会熟练应用日常测量单位。[2] 小学教育质量低下直接导致中学生源质量不佳。无独有偶，肯尼亚中等教育证书考试结果表明，平均成绩达到 C+（大学最低入学成绩）或 C+ 以上的考生人数逐年减少，2016—2017 年，一半以上考生的成绩为 D 或 D 以下。[3] 大多数中学毕业生的成绩无法达到高等教育入学水平，也无法获得体面的工作。究其原因，教师数量不足、教师教学技能僵化等是主要原因。

---

[1] Ministry of Education. National Education Sector Strategic Plan 2018-2022[R]. Nairobi: Ministry of Education，2019: 28.

[2] Ministry of Education. Basic education statistical booklet 2019[R]. Nairobi：Ministry of Education, 2019: 45-46.

[3] Ministry of Education. Basic education statistical booklet 2019[R]. Nairobi: Ministry of Education, 2019: 46.

（三）教育公平问题突显

当前，肯尼亚特殊群体儿童和农村地区儿童很难获得优质的基础教育资源。农村地区儿童的入学率较低，更容易中途辍学，生师比情况也远不如发达地区。例如，图尔卡纳郡和曼德拉郡的学生顺利完成八年义务教育的比例远低于全国平均水平，与基里尼亚加郡、基安布郡存在显著差距。

自独立以来，肯尼亚女性基础教育问题仍然比较严重，童婚、早孕等许多因素阻碍了适龄女性接受学校教育。联合国人口基金会调查显示，2016 年7 月至 2017 年 6 月，肯尼亚有近 25 万名的 10—19 岁少女怀孕；2014 年，肯尼亚人口健康调查报告表明，在纳罗克郡，平均每 10 名女性中有 4 名女性在未成年阶段怀孕。[1] 肯尼亚社会的传统文化观念造成了女性地位较低的社会现状，使肯尼亚女孩在教育中被边缘化。在一些地区，父母甚至存在禁止女儿接触学校文化教育来"保护女儿"的落后观念。缩小教育差距，实现教育公平，是需要持续努力改变传统观念桎梏，提升教育理解力的。

（四）教育规划实施情况不佳

以 2013 年"数字素养项目"为例，该项目于 2015 年 9 月在 150 所公立小学试点，设想为肯尼亚所有公立小学的一二年级学生配备笔记本电脑，提升其数字素养，但在项目推行的第二年，肯尼亚公立小学的电脑普及率只有 5%。由于预算不足，该项目从为学生配备笔记本电脑转向为学生配备平板电脑以节约经费，后又停止发放平板电脑，转为建设计算机实验室。类似经费不足以支撑教育项目可持续实施的情况在肯尼亚屡见不鲜。

另外，教育经费的使用情况不够透明、公开。学校未向家长公开过教育

[1] Ministry of Education. National Education Sector Strategic Plan 2018-2022[R]. Nairobi: Ministry of Education, 2019: 27.

89

经费收支情况，家长、学校、社区缺乏互动，公众如何向学校管理者问责成为严峻问题。

二、应对策略

（一）依托国际援助与提升风险管理能力并重

肯尼亚因势利导，一方面积极寻求国际社会的支持，依托国际援助解决基础教育经费问题。例如，肯尼亚自 2003 年实施免费小学教育政策以来，已经得到世界银行、联合国儿童基金会、英国政府、瑞典政府累计5.28 亿美元的援助。同时，国际社会也向肯尼亚教育部提供了大量建设性意见，协助肯尼亚普及义务教育。[1]

另一方面，在获得外部资金支持的同时，肯尼亚积极提升教育管理能力，提高援助资金的使用效率。肯尼亚正在建立健全基础教育风险管理机制，应对特殊时期教育发展问题，为实现教育可持续发展提供保障。例如，通过风险预警机制监测学龄儿童辍学风险，以便对辍学儿童提供及时帮助；在干旱等特殊时期，利用通信技术开展在线学习活动。

（二）加强教师队伍建设，保障课程实施质量

面对基础教育阶段两次证书考试成绩普遍不佳，无法有效衔接学段的问题，有批评者认为，这是新课程改革过于理想化、课程内容难以落实而

---

[1] 金楠，万秀兰. 肯尼亚新一轮免费初等教育政策剖析 [J]. 教育发展研究，2007（17）：66-70.

造成的。[1] 教师的教育教学能力是保障课程有效实施、改善教育质量的关键。因此，肯尼亚政府尝试培养更多的优质教师，保证新课程改革的实施质量。

首先，肯尼亚正在扩大教师教育规模，培养更多合格的、有能力的教师，以解决教师资源紧缺的问题。其次，帮助教师树立能力本位的课程观和以学生为中心的教学观，使基础教育课程改革与教师教育课程改革同步；并在《课程纲要》中建议教师改变原有的评价方式，以形成性评价为主，提供差异化教学，使课程内容与学生能力相匹配，以提高学生的基础教育完成率。最后，通过国家教师服务委员会加强教师职前和在职培训工作，加深教师对教学方法、课程改革核心价值观及其具体内容的理解，将本土知识融入课程教学中，保障课程实施的质量。

（三）提升信息化水平，利用线上教育促进教育公平

肯尼亚重视开发线上课程、应用和推广线上学习方式，使之成为促进基础教育公平的重要手段。首先，肯尼亚政府继续推行"数字素养项目"，为全国的中小学校配备数字化学习设备，加强基础教育系统的信息化建设。其次，肯尼亚依托已有教育优惠政策和项目，为游牧地区儿童建立了专门的线上学习平台，线上教育与正规教育相配合，以此缩小地区间的教育差距。最后，肯尼亚建立了数字学习资源库，使女童、辍学儿童随时随地有机会享受到优质教育资源。

---

[1] KAVITI L. The new curriculum of education in Kenya: a linguistic and education paradigm shift[J]. IOSR journal of humanities and social science，2018(23): 89-90.

第六章 高等教育

高等教育系统是肯尼亚的教育子系统之一，由肯尼亚大学教育委员会管理。肯尼亚的高等教育由公立和私立高等教育机构实施，向学生提供文凭[1]、学士学位[2]、研究生文凭[3]、硕士学位[4]和博士学位[5]5个层次的课程。大学教育委员会对以上学位资格进行认证，以保证高等教育的质量，提升肯尼亚高等教育服务社会发展、满足国民需求的能力和水平。本章介绍肯尼亚高等教育的历史沿革和现状，总结其特点，分析其面临的挑战及解决对策。

---

[1] 获得中等教育毕业证书（C- 以上成绩）后，修习 2 400 学时，或 240 学分，或 2 学年的课程，即达到《肯尼亚国家教育资格标准》的第 6 级水平，可申请 "文凭"（Diploma Course）。

[2] 获得中等教育毕业证书（C+ 以上成绩）后，修习 4 800 学时，或 480 学分，或 4 学年的课程，或获得第 6 级水平资格并修满 240 学分，即达到《肯尼亚国家教育资格标准》的第 7 级水平，可申请 "学士学位"（Bachelor's Degree）。

[3] 获得学士学位或达到同等学力水平后，修习 1 200 学时，或 120 学分，或 1 学年的课程，即达到《肯尼亚国家教育资格标准》的第 8 级水平，可申请 "研究生文凭"（Postgraduate Diploma）。

[4] 获得学士学位或达到同等学力水平后，修习 2 400 学时，或 240 学分，或 2 学年的课程，即达到《肯尼亚国家教育资格标准》的第 9 级水平，可申请 "硕士学位"（Master's Degree）。

[5] 获得硕士学位后，修习 3 600 学时，或 360 学分，或 3 学年的课程，即达到《肯尼亚国家教育资格标准》的第 10 级水平，可申请 "博士学位"（Doctor's Degree）。

第一节 高等教育的发展和现状

一、历史沿革

肯尼亚高等教育的发展经历了四个阶段，即英属殖民时期、东非联合发展时期、独立发展时期和快速扩张时期。在此过程中，高等教育院校数量和入学人数不断增加，高等教育学科体系和课程层次不断完善。

（一）英属殖民时期（1963 年以前）

国家独立之前，肯尼亚高等教育是置身于东非、面向东非发展起来的。1921 年，英国殖民政府在乌干达坎帕拉开办了一所技术学院，该学院于 1922 年升级为马克里尔学院，其建立改变了当时东非没有高等教育机构的历史，成为当时东非的高等教育中心。肯尼亚当时没有高等教育机构，因此，肯尼亚政府通过拨款给马克里尔学院而获得其 26% 的受教育名额。肯尼亚政府选派学生前往马克里尔学院攻读文科、理科、农业、教育、美术、医学、兽医等文凭课程和学士学位课程。这些学生成为肯尼亚第一批受过高等教育的人。

1951 年，内罗毕皇家技术学院建立，学院立足肯尼亚，旨在为整个东非地区提供教育服务。同期，肯尼亚还有另外一所高等教育机构，即亚裔建立的甘地纪念学院。1956 年，两校合并，开始招收第一批学生，设有建筑、工程、商务、土地和建筑经济、家政等专业。1961 年，内罗毕皇家技术学院成为大学学院，改名为内罗毕皇家学院，提供学士学位课程（文学、理学和工程）和硕士学位课程（公共管理）。

（二）东非联合发展时期（1963—1970 年）

肯尼亚独立之初，少部分接受过高等教育的肯尼亚人，作为非洲第一代接受西方教育的精英，真诚地陈述了改革原有教育制度使之适应肯尼亚国家发展需要的必要性。1964 年 5 月 20 日，内罗毕皇家学院改名为内罗毕大学学院，与乌干达的马克里尔学院和坦桑尼亚的达累斯萨拉姆大学学院共同组成了东非大学，各大学学院与政府合作，推动地区高等教育的发展。内罗毕大学学院设有工程系、兽医系和建筑系，生源以肯尼亚学生为主。1963—1968 年，东非大学入学人数增长了近 400%，而内罗毕大学学院招收的肯尼亚本土学生人数也逐年增加，1963—1969 年，每年肯尼亚本土学生人数都占内罗毕大学学院招生总数的 50% 以上。[1] 20 世纪 60—70 年代，内罗毕大学学院增设了艺术、科学、贸易、医学等系，建筑经济学、家政学等专业。

（三）独立发展时期（1970—1985 年）

1970 年，东非三国均有发展自己的学院的强烈诉求，东非大学解体，三所学院分别更名独立为马克里尔大学、达累斯萨拉姆大学和内罗毕大学。严格意义上讲，内罗毕大学于 1970 年 3 月正式成立，是肯尼亚的第一所大学。

内罗毕大学的成立标志着东非跨国教育的结束，也标志着肯尼亚高等教育的开始。它先是扩充学系、完善招生工作，首批招收了法律、农业和新闻系的学生。随后，内罗毕大学开始结构调整，把非洲研究所从发展研究所中独立出来，并依托教育系成立了独立的肯雅塔大学学院。至 1978 年，

---

[1] 万秀兰. 肯尼亚高等教育研究 [M]. 北京：中国社会科学出版社，2009：45.

内罗毕大学和肯雅塔大学学院已经拥有农业、工程、艺术、科学、兽医、贸易、教育、建筑、设计和发展、法律和医学 10 个学系；另设有成人教育研究所、发展研究所、非洲研究所和新闻学院 4 个附属研究所和学院。[1] 1970—1980 年，内罗毕大学招生人数逐渐递增，累计招收本科生和研究生 57 082 名。[2]

20 世纪 70—80 年代，肯尼亚高等教育需求高涨，公立大学不断增多。公立高校从 1 所变为 7 所。在此期间，肯尼亚私立高等教育也开始萌芽。1970 年，美国国际大学成立，这是肯尼亚第一所真正意义上的私立大学。

（四）快速扩张时期（1985 年至今）

20 世纪 70 年代之后，肯尼亚公立高校两次扩招，录取人数激增导致公立高校容纳学生数迅速饱和，公立高等教育资源紧缺、办学条件逐渐恶劣、教育质量下降、毕业生失业率上升、高校财政危机等负面结果随之而来。[3] 为了缓解公立高等教育的压力，肯尼亚开始鼓励和支持私立高等教育。

1985 年，肯尼亚政府出台了一系列关于私立高等教育的法律法规；并依据《大学法》成立高等教育委员会，负责学校认证、课程审批和评估等工作。这些法律和机构为私立高校发展提供了利好环境，私立高校数量迅速增加。到 2006 年年底，肯尼亚已有 18 所私立高校。与公立高校相比，私立高校教学环境、设施和资源较好，课程以市场为导向，学生就业率高，因而招生人数逐渐增加，由 1992—1993 学年的 2 521 人增加至 2004—2005 学年的 10 050 人，增长近 4 倍。[4] 这一时期，肯尼亚的私立高等教育虽然发

[1] 孙小丽. 肯尼亚的高等教育改革 [J]. 西亚非洲，2008（5）：75.

[2] OKETCH M O. The emergence of private university education in Kenya: trends, prospects, and challenges[J]. International journal of educational development, 2004, 4(2): 119-136.

[3] 万秀兰. 肯尼亚高等教育研究 [M]. 北京：中国社会科学出版社，2009：50.

[4] KALA A J. The development of private universities in Kenya[D]. South Orange: Seton Hall University, 2002: 10.

展前景广阔，但与公立大学相比，仍处于边缘地位。

进入 21 世纪以来，肯尼亚高等教育规模持续扩张。2018 年，获得国家批准的正式高等教育机构增加至 74 所，同期入学人数增加至 565 045 人，肯尼亚高等教育成为非洲最大的高等教育系统之一。[1]

二、现状

（一）院校

2018 年，依据新修订的《大学法》，肯尼亚大学教育委员会取代高等教育委员会，负责规范、协调肯尼亚高等教育的发展及保障其教育质量。据委员会最新统计，截至 2020 年 12 月，肯尼亚共有 74 所高校。表 6.1 是 2016—2020 年肯尼亚高等院校数量情况。[2] 从总体上看，2016—2020 年肯尼亚高校数量略有增加，其中，私立大学和公私立独立学院增加较多，这表明企业、私人资本等对高等教育事业关注增多。

表 6.1 2016—2020 年肯尼亚高等院校数量

单位：所

院校类别	2016 年	2017 年	2018 年	2019 年	2020 年
公立大学	23	30	31	31	31
公立大学独立学院	8	4	6	7	7

[1] 根据肯尼亚历年《教育部门报告》整理。
[2] 根据肯尼亚历年《教育部门报告》整理。

续表

院校类别	2016 年	2017 年	2018 年	2019 年	2020 年
私立大学	17	18	18	19	20
私立大学独立学院	5	5	5	3	3
临时许可私立大学 [1]	12	12	14	12	13
合计	65	69	74	72	74

肯尼亚高校在非洲大学排行中名次较好，内罗毕大学、肯雅塔大学 [2]（并列非洲第 17 名）、埃格顿大学（非洲第 21 名）、莫伊大学（非洲第 22 名）和乔莫·肯雅塔农业科技大学（非洲第 39 名）是肯尼亚最好的 5 所公立高校。[3]

（二）课程和学科

肯尼亚高等教育提供的文凭、学士学位、研究生文凭、硕士学位和博士学位课程数增长迅速，课程总数从 2016—2017 学年的 3 980 门大幅增加到 2017—2018 学年的 5 113 门，增幅为 28.5%。如表 6.2 所示，学士学位课程最多，共 2 114 门课程，占课程总数的 41.3%；研究生文凭课程仅有 93 门，占总数的 1.8%。从课程的院校分布上看，公立大学开设了 4 061 门课程，占总数的 79.4%；其次是私立大学，以 757 门课程占总数的 14.8%；而私立大学独立学院的课程数量最少，仅有 47 门。开设课程数量最多的 5 所公立大学是内罗毕大学（571 门）、肯雅塔大学（318 门）、莫伊大学（256 门）、

---

[1] 经肯尼亚大学教育委员会初步审核，被授予临时授权证书的私立院校可依据大学教育委员相应规定招收学生。

[2] 前身为肯雅塔大学学院，1985 年升级为大学。

[3] 中华人民共和国商务部. 内罗毕大学排名东非第一，非洲第八 [EB/OL]. [2021-11-19]. http://ke.mofcom.gov.cn/article/jmxw/201902/20190202833444.shtml.

乔莫·肯雅塔农业科技大学（250 门）和马塞诺大学（248 门）。[1]

表6.2 2017—2018 学年肯尼亚高等院校课程层次

单位：门

院校	文凭	学士	研究生文凭	硕士	博士	合计
公立大学	299	1 614	80	1 319	749	4 061
公立大学独立学院	25	59	0	13	7	104
私立大学	127	366	12	197	55	757
私立大学独立学院	14	18	1	13	1	47
临时许可私立大学	74	57	0	12	1	144
合计	539	2 114	93	1 554	813	5 113

从课程的学科分布看，2017—2018 学年，肯尼亚高等院校开设的课程主要分布在自然科学、数学和统计，人文社科、新闻和信息，工商管理，农林渔牧等学科领域，占课程总数的 52.8%（见表 6.3）。[2]

表6.3 2017—2018 学年肯尼亚高等院校课程数量学科分布

单位：门

学科	文凭	学士	研究生文凭	硕士	博士	合计
农林渔牧	42	208	10	179	130	569
艺术与人文	29	197	5	199	99	529
工商管理	129	231	11	162	58	591

---

[1] Commission for University Education. University statistics (2017/2018)[R]. Nairobi: Commission for University Education, 2019: 10.

[2] Commission for University Education. University statistics (2017/2018)[R]. Nairobi: Commission for University Education, 2019: 12.

学科	文凭	学士	研究生文凭	硕士	博士	合计
法律	2	13	0	4	1	20
教育	51	196	23	171	112	553
工程、制造和建筑	37	156	4	77	40	314
卫生健康和福利	65	228	11	190	66	560
信息通信技术	54	151	3	47	24	279
自然科学、数学和统计	10	387	10	322	195	924
服务	38	74	3	28	16	159
人文社科、新闻和信息	82	273	13	175	72	615

（三）入学情况

高等院校及其课程数量的增加为大众提供了更多的受教育机会和选择，高等教育入学人数快速增长。入学人数从 2013—2014 学年的 361 379 人增加至 2017—2018 学年的 513 182 人，[1] 肯尼亚成为继尼日利亚、南非和埃塞俄比亚之后，撒哈拉以南非洲地区大学生第四集中的国家。

不计文凭课程入学人数，肯尼亚高等教育入学人数从 2016 年的 547 316 人下降到 2017 年的 538 370 人，降幅为 1.6%；公立高校入学人数有所下降，从 2016 年的 458 956 人小幅减少到 2017 年的 456 924 人；但与之相对，私立高校的入学人数不降反升至 108 121 人（见表 6.4）。这是因为肯尼亚高校中央就业服务中心于 2016 年将政府资助的学生安置到私立高校，而公立高校在招生上更加谨慎，招生人数略有减少。从课程层次上看，博士、硕士和研究生文凭层次课程的入学人数正在增长，这在一定程度上表明肯尼亚高

---

[1] 根据肯尼亚历年《教育部门报告》整理。

层次人才储备数量在增长。[1]

表 6.4 2016—2017 年肯尼亚高等教育入学人数

层次	公立高校		私立高校	
	2016 年	2017 年	2016 年	2017 年
文凭[2]	—	19 173	—	7 502
学士	400 927	368 100	77 491	86 726
研究生文凭	890	1 072	210	344
硕士	48 767	50 960	9 454	10 727
博士	8 372	17 619	1 205	2 822
合计	458 956	456 924	88 360	108 121

同期，高等教育毕业人数从 2016 年的 88 773 人下降到 2017 年的 82 651 人，毕业生人数减少了 6 122 人。从毕业院校性质看，2017 年，公立大学毕业人数为 60 281 人，占毕业总人数的 72.9%，与 2016 年相比，公立大学毕业人数减少了 4 162 人；2017 年，私立大学毕业人数为 20 752 人，占 25.1%，比 2016 年减少了 2 295 人。从毕业生性别分布看，男性毕业生人数从 2016 年的 48 555 人减少为 2017 年的 45 885 人，减少了 5.5%；女性毕业生人数从 40 218 人减少到 36 766 人，降幅 8.6%，较男性降幅更大（见表 6.5）。[3]

[1] Commission for University Education. University statistics (2017/2018)[R]. Nairobi: Commission for University Education, 2019: 20.

[2] 2016 年情况肯方未做统计。

[3] Commission for University Education. University statistics (2017/2018)[R]. Nairobi: Commission for University Education, 2019: 12.

表 6.5 2016—2017 年肯尼亚高等教育毕业人数

院校	2016 年			2017 年		
	男性	女性	总计	男性	女性	合计
公立大学	36 699	27 744	64 443	34 798	25 483	60 281
公立大学独立学院	7	1	8	0	0	0
私立大学	11 242	11 805	23 047	10 312	10 440	20 752
私立大学独立学院	320	197	517	265	126	391
临时许可私立大学	287	471	758	510	717	1 227
合计	48 555	40 218	88 773	45 885	36 766	82 651

在国际学生方面，2017—2018 学年，肯尼亚的公立和私立高校一共招收 5 373 名国际学生，较前一学年增长了 13.6%。从课程层次看，该学年来肯国际学生以攻读学位课程为主；其中，攻读学士学位课程的学生最多，且私立高校招收国际学生明显多于公立高校，另有极少部分学生攻读研究生文凭课程（见表 6.6）。从学生国籍看，大多数国际学生来自中东非国家，坦桑尼亚人数最多（585 人，占 10.9%），其次是刚果民主共和国（530 人，占 9.9%）、乌干达（466 人，占 8.7%）、卢旺达（8.3%）、索马里（6.2%）等，非洲以外的国际学生数量则很少。[1]

[1] Commission for University Education. University statistics (2017/2018)[R]. Nairobi: Commission for University Education, 2019: 33-36.

表6.6 2017—2018学年肯尼亚招收国际学生人数

层次	公立高校	私立高校	合计
学士	547	2 873	3 420
硕士	477	1 079	1 556
博士	150	195	345
研究生文凭	15	37	52
合计	1 189	4 184	5 373

（四）教师

2016—2017年，肯尼亚公私立高校教师人数都有所增加，增幅分别为11.2%和2%，但高校教师在院校分布、性别、学历上均存在着明显差异。从院校分布上看，公立高校教师远多于私立高校；从性别上看，公立和私立高校的男性教师数量均多于女性教师（见表6.7）。[1]

表6.7 2016—2017年肯尼亚高校教师人数

类别	2016 年			2017 年		
	男	女	合计	男	女	合计
公立高校	9 256	4 398	13 654	10 411	4 775	15 186
私立高校	3 156	1 921	5 077	3 199	2 023	5 222
合计	12 412	6 319	18 731	13 610	6 798	20 408

---

[1] Commission for University Education. University statistics (2017/2018)[R]. Nairobi: Commission for University Education, 2019: 46.

2014 年，肯尼亚发布的《大学标准和指南》规定，大学教师任教基本资格应比其所任教的课程至少高出一个课程层次。这就要求肯尼亚高校教师应至少具有学士学位。表 6.8 是 2015—2017 年肯尼亚高校教师学位情况，除 2016 年公立高校拥有学士学位的教师和 2017 年私立高校拥有学士学位和硕士学位的教师较上一年同类别减少外，各学位层次教师人数都有所增加。2017 年，肯尼亚高校 56.5% 的教学人员拥有硕士学位，34.6% 的人拥有博士学位，8.9% 的人拥有学士学位；公立高校中博士学位教师人数占全国拥有博士学位教师总数的 78.8%，拥有硕士学位的教师占全国拥有硕士学位教师总数的 72.3%，公立高校的教师队伍学位情况明显优于私立高校。随着私立高校数量和学生人数的增加，加强师资队伍建设、引进高层次人才、保障教学质量势在必行。[1]

表 6.8　2015—2017 年肯尼亚高校教师学位情况

单位：人

年份	学位	公立高校	私立高校	合计
2015	博士	4 348	1 256	5 604
	硕士	2 953	2 740	5 693
	学士	1 104	261	1 365
	合计	8 405	4 257	12 662
2016	博士	4 713	1 409	6 122
	硕士	6 747	3 314	10 061
	学士	107	462	569
	合计	11 567	5 185	16 752

[1] 根据肯尼亚大学教育委员会历年《大学统计》整理。

续表

年份	学位	公立高校	私立高校	合计
2017	博士	5 590	1 501	7 091
	硕士	8 371	3 205	11 576
	学士	1 372	450	1 822
	合计	15 333	5 156	20 489

第二节 高等教育的特点

肯尼亚高等教育深受早期殖民统治的影响，高等教育系统偏英式。独立初期，肯尼亚政府大力完善国家高等教育系统，以满足社会发展对人才的需求与国民日益增长的高等教育需求。目前，肯尼亚高等教育表现出兼顾规模与质量、公立高校发挥关键作用、大力支持私立高等教育、关注性别平等问题四大特点。

一、兼顾规模与质量

独立至今，肯尼亚高等教育院校数量和入学人数均增长。进入 21 世纪，肯尼亚教育部、大学教育委员会等继续通过认证和许可高等教育机构、制定入学优惠政策、发放教育贷款等方式鼓励高等教育的规模化发展，促进高等教育普及。

独立之初，肯尼亚高等教育规模扩张表现出盲目性和无计划性，而近20年，其高等教育发展不再盲目冒进，表现出以政策规划为指导、兼顾教育质量的特点。以《大学教育委员会战略规划（2014—2018年）》为例，大学教育委员会通过为期五年的战略规划，紧紧围绕"平等与公平""质量和相关性""治理和问责"三个主题制定发展指标，宏观调控高等教育发展进程，从教育准备、教育过程和教育结果上严格把控，保障高等教育的质量。在规划周期内，肯尼亚多方协作，依据《大学法》评估了 20 所高等院校，批准了 10 所高等院校（主要是私立高校）的办学申请和 80 所高等院校的扩建校区申请，评估了 428 门学位课程和 116 个办学项目，授予了 24 所人才招聘机构营业资格。通过以上措施，肯尼亚在扩大高等教育办学规模时兼顾了办学质量。

二、公立高校发挥关键作用

目前，在 20 世纪 70—80 年代建立起来的 7 所公立大学仍是肯尼亚高等教育体系的主体，这 7 所大学与后来建立的其他公立大学和公立大学独立学院在肯尼亚高等教育发展中发挥了至关重要的作用。

一方面，以内罗毕大学为首的部分公立大学经过数十年发展，在制度建设、管理、学科体系、课程项目、师资队伍、基础设施、影响力等方面积累了丰富经验，教育水平和质量相对较高，教育影响力和综合实力在肯尼亚，乃至整个非洲都占有一席之地。另一方面，肯尼亚公立大学在事关国家发展的关键领域和优先发展领域上有所建树，为经济社会发展提供了一定的技术支持，为国家发展输送了大批关键人才。例如，2017—2018 学年，肯尼亚农林渔牧学科领域 97% 的课程均由公立大学开设；公立大学的自然科学、数学和统计，艺术与人文学科课程招生人数占当年高等教育入学总人数的一半以上；公立大学的论文发表量、创新项目量和专利数量分别占总数的 60%、70% 和 95.4%，实力较强。综上所述，在肯尼亚，公立高校在人才培养、社会服务和科学研究上有着不可替代的作用。

三、大力支持私立高等教育

当公立高等教育无法满足国民日益增长的教育需求时，私立高等教育逐渐被接受并成为高等教育体系中最活跃、发展最快的子系统。肯尼亚政府深刻意识到私立高校在拓宽融资渠道、缓解生源压力、扩张教育规模、提高教育质量等方面的巨大潜力，从 20 世纪 70 年代就开始关注私立高等教育，鼓励筹建私立高校。

为保障私立高等教育的规范发展，确保私立高等教育的质量，1985 年，肯尼亚政府出台和修订了一系列高等教育法律法规，从许可学校成立、监管办学过程、保障生源等方面进行规范或鼓励，促进私立高等教育发展。1985—2019 年，《大学法》及其修订案逐渐将私立高等院校的地位合法化、院校成立法制化；《大学标准和指南》《大学自评问卷》《私立大学章程制定指南》《博士学位课程制定指南》等文件规范了私立高等教育。与此同时，肯尼亚大学教育委员会对私立高校进行认证、课程审批和评估等工作，从政策环境和质量保障上，增强了私立高等教育质量的可比性；高等教育贷款委员会和肯尼亚高校中央就业服务中心以定额贷款、生源安置等方式，鼓励中学和高校毕业生选择私立高校深造。

四、关注性别平等问题

因文化传统等因素，肯尼亚劳动力市场、教育、政治、社会发展等诸多领域长期存在着性别不平等问题。这种性别不平等在肯尼亚高等教育领域主要体现为女性没有享有与男性同等的受教育机会和职业竞争机会，教育环境带有歧视性。

独立前，肯尼亚高等教育领域的性别不平等问题十分严重，且未得到殖民政府的重视。1963 年，肯尼亚籍在校女大学生 28 人，占比不足这一时期在校大学生总人数的 15%。[1] 独立后，在国家建设和发展使命、人力资本理论、国际会议和行动纲领的影响和推动下，肯尼亚逐渐重视女性教育，对高等教育性别平等问题给予了十足的关注。这种关注具体表现在政策与实践两个层面。在政策层面，肯尼亚《国家教育部门战略规划》和《大学教育委员会战略规划》中包含性别平等目标，在学生入学、奖助学金、专业招生等方面均有对女性的优惠政策。在实践层面上，肯尼亚国家统计局和肯尼亚大学教育委员会以年度报告的形式及时跟进性别平等工作的推进情况。以肯尼亚大学教育委员会 2017—2018 学年的《大学统计》为例，该文件极其细致地从入学人数性别分布、毕业生性别分布、课程人数性别分布、不同学位性别情况、国际学生性别分布、教师性别分布、助学金发放的性别分布 7 方面做了统计和分析，并向民众公开。

第三节 高等教育的挑战和对策

一、面临的挑战

在政府的支持下，肯尼亚高等教育虽然取得了较大的发展，但仍然面临诸多挑战。经费短缺、师资队伍问题繁多、毕业生就业率低是急需解决的主要问题。

---

[1] DANIEL N S. A review of major obstacles to women's participation in higher education in Kenya[J]. Research in post-compuslsory education, 2006, 11(1): 85-105.

（一）经费短缺

尽管肯尼亚政府竭力保证教育经费预算，但经费短缺仍是限制肯尼亚高等教育发展的主要问题之一。进入 21 世纪以来，经费短缺深刻影响着高等教育的可持续发展。

随着高等院校数量和课程数量的增加，教育成本也随之大幅增长，政府有限的财政拨款并不能完全支持教育教学活动保质保量开展。根据高等教育贷款委员会统计，2017—2018 财年，公立高校财政赤字总额达 32 亿肯先令。[1] 面对高昂的运营成本，私立学校通过增加学费等方式来筹集资金，这对那些想要接受高等教育但家庭困难的学生来说是一大阻碍。长久以来，高等教育经费不足影响了学生入学积极性，限制了大学人才培养活动的可持续性。

肯尼亚的大部分高校缺乏特定研究领域所需的专业设备，如科学学科实验室、水产养殖实验室、图书馆、信息通信技术资源等。2011 年的一项调查显示，公立高校和私立高校对实验室等基础设施配备情况的满意度分别为 34.7% 和 79.2%。[2]《国家教育部门战略规划（2018—2022 年）》对科研和创新方面的经常性财政预算仅占高等教育经常性财政总预算的 0.2%—0.3%，其中，2022—2023 财年和 2023—2024 财年没有增加预算的规划。同时，肯尼亚的科研经费来源中，国外援助所占比例极大。2011 年，外来经费占肯尼亚科研经费总额的 47.1%。[3] 经费短缺和对外资过度依赖导致肯尼亚高校科研发展自主性差，可持续性不佳。

[1] Commission for University Education. University statistics (2017/2018)[R]. Nairobi: Commission for University Education, 2019: 84.

[2] CALLEB O G, MAUREEN A O. University expansion in Kenya and issues of quality education: challenges and opportunities[J]. International journal of business and social science, 2011, 20(2): 203-214.

[3] 资料来源于非洲发展新伙伴计划官网。

（二）师资队伍问题繁多

肯尼亚高等教育师资队伍在数量、结构等方面的繁多问题严重影响教师职能的有效履行。

一是高校教师短缺，且高级职称教师较少。由于学生数量激增，导致师生比过高，教师教学任务负担过重，这进而削弱了现有课程的质量。同时，经费紧缺影响教师待遇和职业吸引力，因而教师兼职现象非常普遍。以内罗毕大学为例，2011年，全职和兼职教师的比例分别为44.5%和55.5%。此外，从表6.9可见，肯尼亚高校教师中拥有高级职称的人数较少，教授和副教授分别仅占教师总数的3.3%和5.3%，两者总占比也不足10%；与之相比，高级讲师和讲师共占52.5%，比重极大。[1] 促进教师在教学、科研等方面的全面发展，优化高级职称结构，有助于进一步保障高等教育质量。

二是肯尼亚高校教师年龄结构不佳，教师队伍老龄化问题突出。2017—2018学年，50岁以上教师占总数的30.5%，教授和副教授中，50岁以上人群占这两种职称总人数的86%，这些高水平教师和学术领军人物将很快面临退休、身体健康等因素的困扰而无法继续发挥关键作用（见表6.9）。[2]

表 6.9 2017—2018 学年肯尼亚高校教师队伍年龄结构

单位：人

年龄段	教授	副教授	高级讲师	讲师	副讲师	助教
20—30岁	0	4	8	181	477	469
31—40岁	1	12	240	2 199	2 921	519

[1] CALLEB O G, MAUREEN A O. University expansion in Kenya and issues of quality education: challenges and opportunities[J]. International journal of business and social science, 2011, 20(2): 203-214.

[2] Commission for University Education. University statistics (2017/2018)[R]. Nairobi: Commission for University Education, 2019: 52.

续表

年龄段	教授	副教授	高级讲师	讲师	副讲师	助教
41—50 岁	26	195	865	3 343	2 153	214
51—60 岁	236	495	881	1 724	737	94
61 岁及以上	388	342	399	607	141	19
合计	651	1 048	2 393	8 054	6 429	1 315

（三）毕业生就业率低

与其他非洲国家一样，失业已被认为是肯尼亚最严重和持续时间最长的问题，技能发展和社会需求之间的不匹配是高校毕业生就业率低及其在劳动力市场上易失业的主要原因之一。

一方面，肯尼亚高等教育人才培养数量和规模的扩张速度远超过其质量保障能力。在劳动力市场转型的背景下，高校缺乏与市场和企事业部门的联系，高校毕业生普遍缺少基本的、技术性的能力，且不具备相应职业资格或水平不达标。另一方面，高等教育规模不断扩大，劳动力市场上拥有学士学位的劳动力大幅增加，招聘市场竞争较大，一名大学毕业生平均需要 5 年才能在肯尼亚找到工作，肯尼亚 25—29 岁年龄人群的失业率为 15.5%。[1]

二、应对策略

针对高等教育面临的各种挑战，肯尼亚在《国家教育部门战略规划（2018—2022 年）》中提出了一系列综合性的应对之策。

---

[1] ODHIAMBO G. The role of Kenyan universities in national development[J]. Forum for international research in education, 2018(4): 191-209.

（一）完善公立大学基础设施，保障学习环境

良好的基础设施是保障学习效果的重要前提，肯尼亚从公立大学着手，采取一系列措施，改善学习环境。一是优先为新建大学建设图书馆、讲堂、实验室、辅导室等教学基础设施。二是对现有公立大学的基础设施状况进行评估，确保公立大学达到所需的最低学习环境标准。三是制定激励政策，鼓励私营部门对大学基础设施建设进行投资。四是改善公立大学的宿舍、餐厅等生活基础设施，为学生提供舒适的生活环境，确保学生修完课程。五是为有特殊需求学生建设无障碍设施。

（二）加强公立大学师资建设工作

为确保大学拥有足够的、合格的教师，肯尼亚正在公立大学中实施如下举措，借以实现拟定的 1∶29 师生比目标，提升教学和科研质量。一是在公立大学开展人力资源调查工作，核算教师需求量。二是在 2018—2022 年规划周期中，每年为教师提供 4 000 个硕士和博士奖学金名额。三是扩大教师招聘规模，每年招收 1 000 名硕士和博士毕业生。四是加强教师办公基础设施建设工作，优化办公环境，提升教师职业幸福感。五是加强教师培训，提升教师的教学能力，改进教学方法。六是为教师提供进修和交流的机会，优化教师学历学位结构和职称结构，丰富教师的教学经验。七是为公立大学提供一定数额的科研专项经费，并实行竞争性科研资源分配政策，激励教师进行科学研究工作。

（三）提升课程和专业建设水平，改善教育质量

为确保高校课程与肯尼亚社会发展和劳动力市场间的高适切度和相关

度，肯尼亚教育部对高校专业及课程建设情况进行审查，并为解决社会发展新问题设置新专业，具体包括以下五方面内容。一是审查所有专业课程质量。二是依据国家优先发展领域，制定新课程。三是在各大学成立行业联络委员会，定期审查公立大学的课程。四是为学生制定强制的、有资助的实习计划，提升实践课程效果。五是对毕业生开展必备技能调查和追踪调查，为完善课程、改进教育质量提供决策依据。

（四）强化大学治理和问责机制，提高办学效率

为配合国家治理体系改革，落实教育发展战略，肯尼亚教育部正在实施如下举措，加强大学的治理能力，提高办学效率。一是对大学相关工作人员进行教育治理和责任意识培训。二是审查公立大学人力资源管理政策。三是为强化大学治理和问责机制，在各院系建立计划实施工作小队。四是敦促各大学加快推进财政管理体系改革。五是建立高等教育信息管理系统。六是建立高校人事、薪资综合数据库。

第七章 职业教育

　　肯尼亚对"职业教育"的称谓处于不断变化之中。独立后，肯尼亚先后使用过"技术与商业教育""技术教育""职业培训""技术、行业、职业、创业和培训"等称谓。随着国际交流的不断加强，肯尼亚采纳了"技术和职业教育与培训"这一国际通用名称，本章为行文方便，将统一使用"职业教育"。

　　职业教育系统是肯尼亚的教育子系统之一。根据《肯尼亚国家教育资格标准》，肯尼亚建立了职业教育资格证书体系，通过学分累积和转换制度，使职业教育与普通教育衔接，旨在使受教育者完成阶段性学业后，既可以进入就业市场，也可以继续深造。目前，肯尼亚职业教育包括中等职业教育[1]、非大学水平的中等后职业教育和高等职业教育，但在相关政策表述和实践层面，肯尼亚的职业教育主要是指非大学水平的中等后职业教育。因此，本章主要介绍肯尼亚非大学水平的中等后职业教育的发展历程和现状，总结其特点，分析其面临的挑战及对策。

---

[1] 招收小学毕业生，相当于中学水平的职业教育，毕业授予一级国家职业证书。

第一节 职业教育的发展和现状

一、历史沿革

肯尼亚职业教育发展历经前殖民地时期、殖民地时期、独立初期、结构调整时期和改革发展时期，已经形成了较完整的职业教育体系。

（一）前殖民地时期（1895 年以前）

前殖民地时期，肯尼亚内陆地区的经济活动以农业和畜牧业为主，在经济生产过程中，人们掌握了耕种、放牧、养殖、狩猎、工具制造、房屋建造等方面的技艺。为了让部族更好地生存下去，长辈们在日常生产实践中，以亲身示范和口头讲述的方式向年轻一代传授所积累的知识和技能，使年轻人掌握从事某项生产活动的能力。[1]这种技能传授活动，一方面沿袭了长辈们的生产生活经验，有利于提升部族的生存率；另一方面也孕育了以"师徒传承的技能技艺学习"为主要特征的职业教育初始形态。

（二）殖民地时期（1895—1963 年）

1895 年，肯尼亚成为英国的"东非保护地"。英国殖民统治初期，一些欧洲传教士在肯尼亚建立了一批两年制的贸易学校，把这里的亚洲人（主要

---

[1] FEREJ A, KITAINGE K, OOKE Z. Reform of TVET teacher education in Kenya: overcoming the challenges of quality and relevance[J]. Triennale on education and training in Africa, 2012: 12-17.

是印度人）培养成熟悉商业贸易的人。[1] 1915 年，英国殖民政府为了提升肯尼亚属地政府的运作效率、促进资本主义工商业及种植园经济的发展，培养具有相关技能的工作人员，开始为当地的教会学校提供资金支持，鼓励并帮助教会学校开展一些职业教育。[2] 随后，为持续获得廉价劳动力，殖民政府也开始为肯尼亚人提供一些相当于小学水平的职业教育，并逐渐取代了教会学校。

1924 年，为协助肯尼亚—乌干达铁路的设备安装、维修和服务工作，殖民政府在卡贝特建立了本土行业培训基地。二战后，该基地被改造为一所三年制的贸易学校[3]。同时，锡卡、梅鲁、马查科斯和锡格拉加拉也相继建立培训学校[4]，提供为期两年的初级工匠培训。[5]

这一时期，殖民者实行种族歧视和压迫政策，对肯尼亚境内的非洲人、欧洲人、亚洲人"因类施教"，其中，学术教育为欧洲人的特权，技术和农业教育则只针对非洲人。当时的职业教育目标只是为殖民政府持续提供廉价劳动力以促进生产、赚取利润和积累资本，教育内容为简单的读写算和大量的技能培训。虽然这种职业教育遭到肯尼亚人的反对和抵制，但也是肯尼亚正规职业教育的萌芽，殖民者建立的培训学校为肯尼亚独立后快速发展的职业教育奠定了必要基础。

（三）独立初期（1963—1989 年）

独立初的二十多年，肯尼亚的职业教育蓬勃发展，这一时期职业教育发展

---

[1] 周倩. 当代肯尼亚国家发展进程 [M]. 北京：世界知识出版社，2012：72-74

[2] 万秀兰. 肯尼亚高等教育研究 [M]. 北京：中国社会科学出版社，2009：4-5.

[3] 独立后，该贸易学校被改造升级为国立技术中学，后成为肯尼亚著名的高职院校——卡贝特国立理工学院。

[4] 独立后，这些培训学校升级为技术培训学院，提供非大学水平的中等后职业教育。

[5] SIMIYU J W. Revitalizing a technical training institute in Kenya: a case study of Kaiboi Technical Training Institute, Eldoret Kenya[R]. Bonn: UNESCO-UNEVOC, International Center for Technical and Vocational Education and Training, 2009: 13.

可分为两个阶段：第一阶段是 1963—1973 年，职业教育机构相继成立，机构类型丰富，数量不断增加；第二阶段是 1974—1989 年，政府重视培养中小学生的职业技能，职业教育逐步被纳入 8-4-4 学制体系，职业教育逐渐系统化。

1. 建立各类职业教育机构

独立初期，外籍技术人员纷纷离开肯尼亚，肯尼亚经济和社会发展严重受限。为尽快实现国家的工业化、现代化，提高民众的收入，肯尼亚大力发展职业教育。1964 年，肯尼亚教育委员会建议，将当时两年制的贸易学校升级为四年制国立技术中学，发展中等职业教育，强调实用课程教学，鼓励学生在小学毕业后选择职业教育。肯尼亚政府开始在全国新建中等技术学校和职业教育机构，中等职业教育入学人数不断增加。除政府主办的公立职业教育机构逐渐增多外，非政府组织也开始创办职业教育机构。1968 年，肯尼亚国家基督教委员会提出建立青年理工学院的构想，该构想在青年培训局的协助下迅速实现。青年理工学院和全国青年服务社为青少年提供为期两年的木工、砌砖、机械工程等方面的中等职业课程。[1] 在世界银行等国际组织的支持下，肯尼亚非政府组织还建立了青年中心、农村培训中心、行业培训中心等职业教育机构，肯尼亚政府也为这些机构提供支持。[2]

20 世纪 70 年代初，肯尼亚通过社区筹集资金和政府培训职业教育教师的方式，在全国建立了一批以社区为中心的技术学院，为中学毕业生继续

　　[1]　HICKS J H, KREMERM, MBITI I. Vocational education voucher delivery and labor market returns: a randomized evaluation among Kenyan youth[J]. Report for Spanish impact evaluation fund phase II, 2011: 10-12.

　　[2]　RHARADE A. Educational reform in Kenya[J]. Prospects, 1997, 27(1): 163-179.

提供职业教育。[1] 全国的技术学院被纳入国家职业教育体系，为肯尼亚培养了数千名专业技术人员。

2. 职业教育被纳入 8-4-4 学制

20 世纪 70 年代，肯尼亚国内经济环境不佳，公私营部门因用人成本更愿意接收职业教育毕业生，政府因此认为发展职业教育是解决就业问题的有效举措，开始进一步扩大职业教育规模，增强中学毕业生和辍学者的职业技术技能，使之能够获得就业或创业的机会；同时主张推行 8-4-4 学制，用职业课程丰富中小学教育内容，为学生提供更多发展机会。

1985 年，突出职业教育内容的 8-4-4 学制正式实施。具体措施包括：课程中增加职业教育内容，对小学高年级的学生进行必要的职业教育；在中学开设职业教育课程，要求每所学校至少建立一个小实验室和小工厂，为学生提供更多的实践机会；将国立技术中学改组升级为技术学院，提供职业教育。[2] 1988 年，肯尼亚成立了技术培训与研究部，负责协调和管理全国的职业教育工作。

这一时期，肯尼亚兴办中等职业教育机构，改革学制并建立管理机构，大力推动职业教育发展。职业教育发展以培养学生的技术兴趣、职业态度、主动性、创造性思维，提升学生的职业素养和创业技能，为学生职业生涯发展奠定基础为目标。[3]

[1] NGERECHIJ B. Technical and vocational education and training in Kenya[C]. Gaborone, Botswana: Conference on the Reform of Technical and Vocational Education and Training (TVET). 2003.

[2] RHARADE A. Educational reform in Kenya[J]. Prospects, 1997, 27(1): 163-179.

[3] SIMIYU J W. Revitalizing a technical training institute in Kenya: a case study of Kaiboi Technical Training Institute, Eldoret Kenya[R]. Bonn: UNESCO-UNEVOC, International Center for Technical and Vocational Education and Training, 2009: 15.

（四）结构调整时期（1990—2012 年）

20 世纪 90 年代，肯尼亚职业教育因社会经济环境变化而发展缓慢，以公立职业教育机构为主的传统职业教育发展格局被打破，非正规部门职业培训的作用日渐突出。

20 世纪 90 年代，肯尼亚有限的教育资源无法满足人们日益增长的教育需求，教育成本逐年上升，政府开始实行成本分担政策，教育费用由政府、私人部门、非政府组织、学生家庭共同承担。其中，公立职业教育的教育成本主要由政府和学生家庭共同承担：政府主要负责支付教师工资、承担课程开发费用、发放学业补助金；家长主要负责支付学生的教材费和交通费、承担学校的基础设施建设费等。

许多失业或贫困家庭无力承担持续增加的教育成本，职业教育的入学率下降，性别偏见情况严重，辍学率上升。例如，1995 年，肯尼亚国立理工学院、蒙巴萨国立理工学院和埃尔多雷特国立理工学院共招收 7 927 名学生，其中女生仅占 23.7%，招生总人数同比下降了 26.6%；1999 年，技术学院招收了 6 915 名学生，女生仅占 29.5%，招生总人数同比减少 2.5%。[1] 政府教育经费投入减少，职业教育发展严重受阻，大多数职业教育机构场地受限、教学设备短缺、课程内容与企业发展需求脱节，公立职业教育质量大幅下降，社会形象和吸引力也急剧下降。

截至 1992 年年底，肯尼亚拥有 990 万劳动力，其中约 28% 处于失业状态。[2] 此时的肯尼亚公立职业教育未能为解决失业问题提供有效帮助，而非正规部门的职业培训因其灵活性和低成本，发挥了重要作用。非正规部门的职业培训每年既能够创造约 25 万个工作岗位，解决约 27.7% 的人员就业

---

[1] 资料来源于肯尼亚国家统计局官网。

[2] National Bureau of Statistics. Economic survey 1993[R]. Nairobi: National Bureau of Statistics, 1993: 51.

问题，[1] 又能让从业人员以学徒的方式，通过在职培训获得与行业需求相匹配的职业技能，[2] 这在一定程度上缓解了劳动力现状与市场需求之间的矛盾。调查显示，在技能熟练的劳动力中，接受过非正规部门职业培训的人超过71%，而在正规职业培训机构中受过培训的人只有12.75%。[3] 由此可见，非正规部门的职业培训机构数量虽不占优势，但其对于培训熟练劳动力的贡献却极大。职业教育发展格局的悄然变化引起了肯尼亚政府的重视。

（五）改革发展时期（2012 年至今）

进入 21 世纪以来，随着联合国千年发展目标、可持续发展目标和肯尼亚《2030 年愿景》的提出，职业教育重新进入肯尼亚教育发展优先战略中。2013—2014 年，《职业教育局战略规划（2013—2017 年）》和《肯尼亚国家教育资格标准》陆续颁布。在此背景下，肯尼亚教育部计划启动"职业教育卓越中心项目"，以此推进职业教育发展融入国家的"四大议程"，服务国家工业化进程，具体改革内容如下。

在教育规模方面，肯尼亚政府要求全国每个选区建立一所职业教育机构，每个郡至少建立一所国立理工学院；全国每年至少有 100 万名学员参加职业教育，到 2022 年，累计至少 500 万名学员接受职业教育。[4] 在课程开发方面，组织相关培训机构调整、更新职业教育基础理论课程，并就此课程加强教师培训工作，同时，鼓励相关研究机构开展职业教育学术交流及理论研究工作。

---

[1] YOON Y R. Kenya Jua Kali Voucher Program for training: Kenya micro and small enterprise training and technology project financed by the World Bank[R]. Manchester: Journal of Vocational Education and Training (JVET) International Conference, 1999.

[2] BARASA F S, KAABWE E S M. Fallacies in policy and strategies of skills training for the informal sector: evidence from the Jua Kali sector in Kenya[J]. Journal of education and work, 2001, 14(3): 329-353.

[3] BARASA F S, KAABWE E S M. Fallacies in policy and strategies of skills training for the informal sector: evidence from the Jua Kali sector in Kenya[J]. Journal of education and work, 2001, 14(3): 340.

[4] 根据肯尼亚《职业教育局战略规划（2013—2017 年）》整理。

在质量保障方面，政府通过肯尼亚国家资格认证局，对职业教育开展资格认证工作，在《肯尼亚国家教育资格标准》下建立起国家职业教育资格证书体系，以帮助学生更好地获得职业教育和就业机会。资料显示，上述改革使肯尼亚职业教育的人数从 2014 年的 14.8 万人增加到 2018 年的 36.4 万人。[1]

二、现状

（一）教育体系

肯尼亚在借鉴英国职业教育资格证书体系发展经验的基础上，建立了本国的职业教育资格证书体系（见图 7.1），职业教育时长 3 个月至 2 年，对应国家教育资格等级的第 3—6 级 [2]。[3] 在校学生在相关课程考试中成绩达标方可获得相应的职业教育资格证书（包括职业证书四级、技术证书两种、职业文凭），从而进入就业市场，或通过学分累积与转换制度，升至更高层级的职业院校继续学习，甚至衔接高等教育，获得相应学位。需要指出的是，一级国家职业证书相当于中等教育水平，即国家教育资格等级中的第 2 级，由青年理工学院、全国青年服务社、青年中心、农村培训中心和行业培训中心提供课程。

---

[1] Ministry of Education. National Education Sector Strategic Plan 2018-2022[R]. Nairobi: Ministry of Education, 2019: 11.

[2] 第 3 级即在第 2 级教育资格后修满 30 学分（或 300 学时，或至少 3 个月的课程），被授予二级国家职业证书；第 4 级即在第 3 级教育资格后修满 30 学分，或第 2 级教育资格后修满 60 学分（或 600 学时，或至少 6 个月的课程），被授予三级国家职业证书或技工证书；第 5 级即在第 4 级教育资格后修满 60 学分，或第 2 级教育资格后修满 120 学分（或 1 200 学时，或至少 1 年的课程），被授予四级国家职业证书或技师证书；第 6 级即在第 5 级教育资格后修满 120 学分，或第 2 级教育资格后修满 240 学分（或 2 400 学时，或至少 2 年的课程），被授予职业文凭。

[3] 资料来源于肯尼亚国家资格认证局官网。

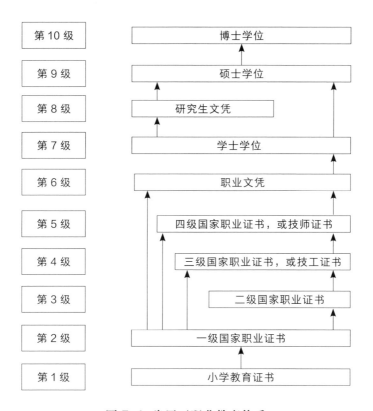

图 7.1 肯尼亚职业教育体系

（二）院校

在院校类型方面，肯尼亚职业教育机构分为公立和私立两类。公立职业教育机构包括由肯尼亚教育部与其他部门举办的理工大学、国立理工学院、技术培训师学院、技术培训学院、技术学院和青年理工学院，其中，除青年理工学院仅提供证书课程外，其他各类职业教育机构均可开设证书课程和文凭课程。私立职业教育机构包括由私营企业、民间力量、宗教组织等建立的私立职业技术学院、全国青年服务社、青年中心、农村培训中心和行业培训中心，此类机构仅能开设证书课程。

在数量方面，2007—2017 年，肯尼亚职业教育机构数量总体呈增长态势。2015—2017 年，职业教育机构年增幅约 500 所（见表 7.1）。[1]

表 7.1 2007—2017 年肯尼亚职业教育机构数量

单位：所

年份	2007	2008	2009	2010	2011	2012	2013	2014	2015	2016	2017
数量	623	627	619	626	629	705	753	755	874	1 300	1 962

肯尼亚不同类型的职业教育机构数量年度变化较大，以 2016—2017 年为例，青年理工学院从 845 所增加到 1 233 所，增幅为 45.9%；其次是私立职业技术学院，从 382 所增加到 627 所，增幅为 64.1%；国立大学、国立理工学院和技术培训师学院数量没有增加（见表 7.2）。[2]

表 7.2 2016—2017 年肯尼亚不同类型职业教育机构数量 [3]

单位：所

年份	国立大学	国立理工学院	技术培训师学院	技术培训学院	技术学院	青年理工学院	私立职业技术学院
2016	2	11	1	42	20	845	382
2017	2	11	1	48	43	1 233	627

---

[1] 根据肯尼亚国家统计局历年《经济调查报告》整理。

[2] 根据肯尼亚国家统计局历年《经济调查报告》整理。

[3] 由于全国青年服务社、青年中心、农村培训中心、行业培训中心等私立职业教育机构数量较多，无法准确统计，故未包含在表格中；理工大学由肯尼亚国立理工学院和蒙巴萨国立理工学院于 2013 年升级而来。

（三）管理体系

在中央层面，2013 年，肯尼亚筹建职业教育局，专门统筹全国职业教育工作；2014 年，职业教育局正式运行，属于半自治性质的政府教育部门，与地方职业教育部门和职业教育机构紧密联系。同时，肯尼亚还建立了一系列职业教育管理机构，分工管理职业教育相关的事务（见图 7.2）。[1]

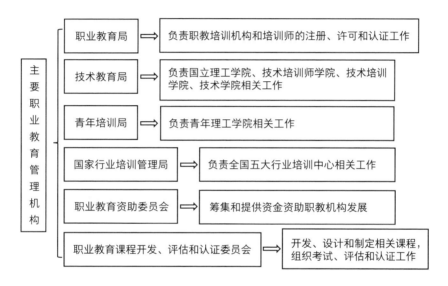

图 7.2　肯尼亚职业教育主要管理机构及其职能

在地方层面，肯尼亚教育部逐渐将部分管理权下放至各郡，再由各郡教育局配合青年培训局协调管理本地青年理工学院、行业培训中心、农村培训中心等机构，郡教育委员会发挥监督协调作用。[2]

在院校层面，职业教育院校和培训中心也相应建立了专门负责管理本

[1] 钱斌. 21 世纪肯尼亚职业技术教育改革研究 [D]. 金华：浙江师范大学，2019：43.

[2] UNESCO-UNEVOC. World TVET database-country profiles Kenya[R]. Bonn: UNESCO-UNEVOC, International Center for Technical and Vocational Education and Training, 2013: 9.

机构运行的理事会或委员会，在实现部门发展目标、筹措与管理资金、组织与管理师生、发放师生奖励、人事任命、加强与行业企业合作等方面发挥作用。[1]

（四）学生

各级各类职业教育机构数量的快速增加，为相关人员提供了更多的入学机会和渠道，带动肯尼亚职业教育机构入学人数的不断增长。表 7.3 是 2007—2017 年肯尼亚职业教育入学人数情况。尽管受全球经济危机影响，2009 年肯尼亚职业教育入学人数有所下降，但整体仍呈上升趋势。[2]

表 7.3 2007—2017 年肯尼亚职业教育入学人数

单位：万人

年份	2007	2008	2009	2010	2011	2012	2013	2014	2015	2016	2017
人数	7.6	8.5	8.1	8.3	10.4	12.8	14.8	14.8	15.3	20.3	27.5

在性别比例方面，进入 21 世纪以来，肯尼亚职业教育学生的男女性别差距逐渐缩小。纵观 2005—2017 年肯尼亚职业教育男女生入学率，男生入学率普遍高于女生，且一直保持在 50% 以上。2005—2011 年，女生入学率一直保持在 48%—49%。然而，2012 年，女生入学率开始下降，与同时期男生入学率的差距逐渐变大。在青年男女人口数量相当的肯尼亚，这一变化表明，在职业教育领域存在男女不平等问题。究其原因，除传统文化观念和家庭经济情况影响外，还有就业市场对男性的需求多于女性的因素。因此，肯尼亚政

---

[1] Ministry of Education. The Technical and Vocational Education and Training (TVET) Act, 2013[R]. Nairobi: Ministry of Education, 2013: 851-853.

[2] 根据肯尼亚国家统计局历年《经济调查报告》整理。

府于 2012 年出台职业教育新政策，鼓励和支持女性接受职业教育，2013 年、2015 年和 2017 年男女性别差距有所缩小。

（五）师资

随着职业教育机构数和学生人数的不断增加，职业教育对教师的需求也不断增长。肯尼亚私立职业教育机构数量庞大，教师成分复杂，因而对所有类型职业教育机构的全部教师数做出完整、准确的统计十分困难，此处以 2011—2017 年肯尼亚公立职业教育的教师人数为例进行分析（见表 7.4）。[1] 就整体趋势而言，公立职业教育机构教师数量增速明显，发展迅猛。

表 7.4 2011—2017 年肯尼亚公立职业教育机构教师人数

年份	2011	2012	2013	2014	2015	2016	2017
人数	865	991	900	1 358	1 339	1 395	2 853

在学历结构方面，尽管国家教师服务委员会和职业教育局都存有本国职业教育教师和行政管理人员的入职资质数据，但这些数据杂乱分散，很难依据其对肯尼亚目前所有职业教育教师资质水平做出全面分析。

表 7.5 是肯尼亚教师服务委员会对 11 所国立理工学院（含技术培训师学院）教师资质水平的统计。肯尼亚高等职业教育教师学历以本科为主，硕士研究生学历者比例也较高，但拥有博士研究生学历的师资十分稀少。[2]

---

[1] 根据肯尼亚国家统计局历年《经济调查报告》整理。

[2] Kenya Technical and Vocational Education and Training Authority. Report and proposal towards a trainers qualifications framework for Kenya[R]. Nairobi: Kenya Technical and Vocational Education and Training Authority, 2018: 11.

表 7.5 肯尼亚国立理工学院（含技术培训师学院）教师学历或技术水平结构

单位：人

院校名称	博士	硕士	学士	高级	中级	初级	合计
东北国立理工学院	0	3	21	4	0	0	28
涅里国立理工学院	0	34	55	17	0	2	108
斯加拉格拉国立理工学院	1	22	46	0	11	0	80
基塔莱国立理工学院	0	23	65	7	21	0	116
卡贝特国立理工学院	0	59	57	23	13	0	152
基苏木国立理工学院	4	44	72	13	9	0	142
海岸国立理工学院	0	15	46	15	1	0	77
梅鲁国立理工学院	0	43	65	8	23	2	141
埃尔多雷特国立理工学院	1	55	76	1	2	0	135
基西国立理工学院	0	38	70	4	14	0	126
肯尼亚技术培训师学院	6	53	30	12	0	0	101
合计	12	389	603	104	94	4	1 206

第二节 职业教育的特点

一、几经起伏，建立起较完备的资格证书体系

　　肯尼亚职业教育发展深受外部环境影响，表现出明显的曲折性。20 世纪 60—80 年代，职业教育得到政府的高度重视，受政策支持得以蓬勃发展。20 世纪 90 年代，肯尼亚经济环境恶化，职业教育发展因此陷于停滞状态。进入 21 世纪后，随着千年发展目标的提出，肯尼亚职业教育重新被纳入国家教育发展优先战略。近年来，随着南南合作框架的落实和中国"一带一

路"倡议的提出，肯尼亚职业教育再获发展契机。

在此过程中，肯尼亚职业教育不断调整，适应外部环境变化，已经建立起较为完备的职业教育资格证书体系。同时，肯尼亚也充分考虑了教育发展的流动性和可持续性问题，通过学分累积与转换制度，保证了职业教育与普通教育的可衔接性和可比性。此外，肯尼亚还建立了一系列的专门机构，分别管理职业教育的课程、考试、资格证书等具体工作。

二、联系实际，保障教育质量和公平

肯尼亚的职业教育模式已经基本确定，包括正规的职业教育和非正式的职业培训。肯尼亚在职业教育机构的准入方面有较明确的、严格的规定，并通过限定入学条件、认证课程和资格证书等方式，明确各类职业教育机构能够实施的职业教育层级，保障教育过程中和教育结果上的质量和公平。政府在职业院校的地域分布上兼顾了公平性，例如，根据各地人口规模、经济发展水平等客观情况，小幅调整院校和职业培训中心数量，以满足人民的职业教育需求，保障职业教育机会均等。

三、借鉴国际经验，注重政策规划

肯尼亚职业教育的发展是在借鉴国际经验的基础上发展起来的。职业教育资格证书体系和学分累积与转换制度参考了英国等欧洲国家的教育资格制度，也参考了乌干达、坦桑尼亚等邻近国家的职业教育情况，制定了具有可比性的职业教育学分、学时、修习年限、证书文凭等各项标准。肯尼亚职业教育发展中还体现了先进的理念。例如，肯尼亚大多数地区采用了非正式职业培训的方式，并通过学分累积和转换制度，将其纳入了正规的职业教育体系中。

进入 21 世纪以来，肯尼亚开始全面实施五年教育发展规划，在教育部的指导下，职业教育也有其专门的战略规划，以五年为一个周期，通过设定年度指标和五年目标有序发展。

四、鼓励多方参与，增强合作育人效果

跨界性决定了职业教育需要政府、行业企业、职业院校、非政府组织等多方参与。对此，肯尼亚已在国际国内不同层次的职业院校之间针对课程开发、教材编制、人才培养、教师互访、资源共享、学校共建等方面开展交流与合作，提升职业教育育人合力。

肯尼亚已尝试与国内外行业企业建立紧密的合作关系，鼓励企业参与职业教育，开发培训项目、建立专项发展基金、捐赠实验设备和仪器等。当前，肯尼亚推动职业院校与行业企业建立协同育人机制的行动方向有以下三点。第一，政府注重职业教育政策法规的制定工作。肯尼亚政府已认识到政策支持和法规保障对职业教育健康发展的重要性，强调职业教育活动要做到有法可依、有法必依。第二，培养企业参与职业教育的积极性。政府激励校企双方发掘彼此共同的利益目标和可持续发展的职业教育目标，构建校企利益共同体，建立企业员工参与职业教育的奖励机制。第三，政府引导行业指导委员会定期监督和指导企业参与职业教育，定期召开交流会，帮助更多的企业选择适合自己的职业教育方式。此外，职业教育的实践性、实用性和服务性符合非政府组织的活动原则，因而各类非政府组织在提升职业教育合作育人效果方面也积极行动、各尽其能。

第三节 职业教育的挑战和对策

一、面临的挑战

肯尼亚职业教育的发展历程表明，其在发展理念、实践项目、经费来源等关键要素上深受外部环境影响，尚未形成具有自身特色的独立自主发展模式，仍然面临诸多挑战。

（一）发展定位不明导致产教合作困难

由于各方定位不清导致职业教育未能有效产教合作。在国家方面，政府以升级、认定职业教育机构等方式扩大职业教育规模，但并没有认清产教合作才是职业教育发展的内在要求和方向所在。在院校方面，职业院校和培训机构大多精于升格更名，疏于内涵建设，很少把精力放在提升办学质量和培养满足市场需求的人才方面。在企业、行业方面，肯尼亚大多数企业未认识到产学合作、产教融合的重要性，不愿意参与职业教育，即便部分企业参与校企合作和产学合作，其目的还是出于自身的短期发展利益，而不是着眼于整个社会经济的可持续发展。当双方合作不畅，学校无法立刻给企业带来经济效益时，企业就会终止投资与合作。上述问题最终导致肯尼亚职业教育产教融合困难，校企合作、工学结合最终沦落为一种口号。[1]

---

[1] MARINGA M. Proposed interventions for the technical industrial and vocational enterprise training (TVET) sector in Kenya[J]. Journal of technical education and training, 2014, 6(1): 94-96.

（二）课程开发与实施中协作不畅影响教育质量

职业教育是一种典型的跨界教育，课程开发、实施、评价等环节需多方参与。然而肯尼亚职业教育在课程开发与实施过程中，各教育机构，政府部门，各行业、企业间的协调机制并不顺畅，各方不能协调彼此的利益，相互争执不下，难以凝心聚力，导致课程开发工作变得十分艰难，课程设置脱离行业、企业发展实际，职业院校的教学计划、教学大纲和教学内容流于形式，教学效果难以保证，职业教育质量受到严重影响。

（三）教育教学资源不足影响教学效果

充足的教育教学资源是保障教学效果的重要基础。肯尼亚职业教育发展面临着教育教学资源不足的问题。一方面，肯尼亚职业教育教材多从英国引进，教材内容与肯尼亚社会经济发展实际需求相差甚远，同时，因肯尼亚本土课程开发能力和协同性不高，无法对外来教材进行有效的本土化改造，严重影响教学效果。另一方面，职业教育的教学设施设备短缺且落后。学校教学实验设备不能及时更新，技术技能训练难以与时俱进，书籍资料不能满足师生需求，水电设施落后，经常断电断水，这些都严重影响了学校正常的教学秩序。

（四）缺乏师资队伍建设研究，师资队伍质量有待提升

长久以来，肯尼亚以扩充职业教育教师数量为主，对教师专业发展和能力建设方面的关注和投入较少，教师队伍尚未实现内涵式发展。一方面，教师对自身专业化发展的意识不足、技术技能水平较低。职业院校的教师通过理论考试上岗，实践能力十分欠缺，缺乏理实一体理念和学以致用思

想。另一方面，教师关于职业教育发展的理论研究滞后，对本国职业教育的发展目标认识模糊，教师不熟悉行业发展动态和前沿变革趋势。

此外，肯尼亚师资队伍建设问题也十分突出。肯尼亚缺乏类似于职业教育研究中心、教师发展中心的研究机构，没有对职业教育教师队伍建设内涵及其路径做出科学、客观的研究分析，师资队伍建设缺乏政策咨询服务。

（五）过度依赖外来援助资金影响职业教育可持续发展

肯尼亚职业教育既没有内生性的可持续发展经费来源，也没有良好的、稳定的校企合作模式提供支持。当诸多国际组织和国家基于各自利益考量向肯尼亚伸出援助之手时，肯尼亚职业教育的发展经费和发展模式便深受国际援助政策的影响。[1]

不可否认，国际援助资金对促进肯尼亚职业教育的发展发挥了一定的积极作用，但也滋生了其依赖心理和被动模式，副作用较为明显。主要表现为国际援助多是短暂的、有限定条件的，经常因援助主体的规划或政策变化而中断，受援国的职业教育并不能获得长期、稳定的资金支持，可持续发展更无从谈起。例如，20世纪80年代，由国际货币基金组织和世界银行推行的结构调整计划在某种程度上导致了肯尼亚教育规模萎缩和质量下降，之后的全民教育行动则使肯尼亚在基础教育上获得较多投入，而职业教育几乎没有得到任何外来资金的支持。

（六）传统文化观念阻碍职业教育发展

肯尼亚的传统观念认为职业教育不如普通学术教育，职业教育是学习

---

[1] 胡昌送. 战后非洲职业教育发展历程与趋势初探 [J]. 中国职业技术教育，2010（31）：79-83.

能力和志向抱负低下者的无奈之选。这种观念一方面阻碍或限制了利益相关方对职业教育的投资，另一方面迫使诸多家庭将职业教育视为"最后选择"，严重阻碍职业教育的发展与变革。

另外，结婚压力、教师歧视、男性优先等因素，导致女性退出职业教育的比例远高于男性。洗涤、烹饪、清洁、儿童保育等家务，都是这个国家在文化观念上寄予女性的期望。肯尼亚"西部职业教育项目"的随机评估也进一步验证，婚姻和儿童保育问题是女孩参与职业教育的主要障碍。[1]
另外，肯尼亚的父权制文化限制了女性的土地拥有权或继承权，与男性相比，女性获得金融信贷的机会也十分有限，因而无法获得支持其接受教育的资金。以上传统文化观念成为影响女性参与职业教育的严重桎梏。

二、应对策略

（一）明确公私协同办学格局和相关机构职能

肯尼亚政府倡导公立和私立职业教育机构协同发展，鼓励私人部门投资职业教育机构，努力形成以公办职业院校为主体、私立院校为补充的职业教育办学格局。

为组织协调职业教育发展，肯尼亚政府通过制定相关法案（如《行业培训法（修订）》等）厘清各机构职能范畴，加强各管理机构之间的协调能力；鼓励各利益相关方选派代表参与职业教育机构的管理工作，实施问责制，增强工作透明度，确保职业教育机构的高效运转。

---

[1] HICKS J H, KREMER M, MBITI I. Vocational education in Kenya—a randomized evaluation[J]. International initiative for impact evaluation, 2015(8): 4-7.

（二）开发能力本位的职业教育课程

为应对劳动力市场不断变化的行业技能需求和满足职业教育学生多样化的技能学习需求，肯尼亚政府依据《肯尼亚宪法》《2030 年愿景》《东非共同体条约》优先发展领域，参考国际经验制定了能力本位的模块化课程标准，确保职业教育的所有课程都以能力为本位，以市场为导向，满足职场需要；加强与私人部门和专业机构的合作，定期开发和评估各类职业课程。

为保障课程建设质量，肯尼亚政府成立职业教育课程开发、评估和认证委员会管理课程开发事务。该委员会制定了肯尼亚职业教育课程开发、评估与认证的一般流程（见图 7.3）。[1]

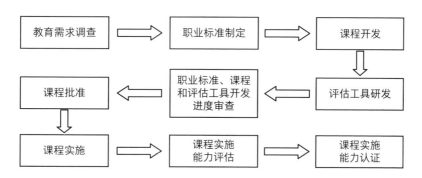

图 7.3 肯尼亚职业教育课程开发、评估与认证的一般流程

（三）加强职业教育师资队伍建设

肯尼亚从教师资格和教师培养两方面，加强职业教育师资队伍建设。

2018 年 2 月，职业教育局制定并颁布了《肯尼亚培训师资格标准》，规定了职业教育教师的入职资格和工作职责。在该文件中，职业教育教师资

---

[1] 钱斌. 21 世纪肯尼亚职业技术教育改革研究 [D]. 金华：浙江师范大学，2019：52.

格分为首席培训师、培训师、技术教员三类。首席培训师在其专业领域、团队管理、调整职业教育培训计划、监督培训师和技术教员等方面发挥作用；培训师需要遵循预先制定的课程要求，完成理论和实践教学；技术教员在培训师或首席培训师的督导下工作，帮助学生完成特定的学习任务。

同时，肯尼亚政府加大对职业教育教师的职前培养和在职培训力度，已构建一个较完整的职业教育教师培训体系。职前培养生源主要是完成普通中等教育且毕业考试成绩达到 C+ 及以上的毕业生，或职业教育中已获得相应学位的毕业生，获得学士学位的学生具备培训师资格，获得硕士及以上学位具备首席培训师资格。[1] 在职培训主要针对两类教师：一是在特定学科或技术领域拥有技术培训经历和丰富行业经验，但未接受过教师教育的培训师；二是在特定学科或技术领域拥有职业教育经历，但没有丰富行业经验的培训师。[2] 在职培训工作由技术培训师学院、肯尼亚政府学院以及肯尼亚医学培训学院负责。

（四）拓宽资金来源渠道

因教育成本分担政策实施效果不佳，进入 21 世纪以来，肯尼亚努力拓宽发展职业教育的资金来源渠道，动员利益相关方，特别是私人部门投资或捐助职业教育；建立专门的职业教育发展基金，设立职业教育资助委员会负责基金分配和使用工作。此外，政府也加大对职业教育财政经费的投入，改变以往职业教育仅占教育总支出 3.2% 的低预算状况，加强对职业教育预算拨款的审查。政府还鼓励职业教育优秀毕业生通过捐赠的方式加入职业教育发展基金；加强建设职业教育机构的问责机制，增强资金支出的

---

[1] ORONI W G C. A comparison of technical education teachers' competencies: a study of Moi University and Kenya Technical Teachers College graduates in technical institutions in Kenya [D]. Nairobi: University of Nairobi, 2012: 19-22.

[2] UNESCO-UNEVOC. World TVET database–country profiles Kenya[R]. Bonn: UNESCO-UNEVOC. 2013: 10.

透明度，竭力遏制官员贪腐，进而增强国际援助机构对肯尼亚职业教育资金援助的信心。[1]

（五）扩大职业教育学生入学机会

2012 年，肯尼亚政府颁布《技术和职业教育与培训法》，提出全国每个郡至少要设立一所技术学院、技术培训学院、技术培训师学院、国立理工学院或理工大学，郡以下的各区至少要设立一个职业培训中心或青年理工学院，确保职业教育机构在地域上的均衡分布，为各地学生提供平等的职业教育机会。

为保障肯尼亚职业教育的公平性和促进教育机会均等，肯尼亚职业教育局在其五年规划中多次强调，不得以种族、肤色、出身、性别、宗教信仰为由将学生拒之门外，其规划还特别关注女性和弱势群体的需求，提出"到 2022 年，将这两类群体的入学机会提升 10%"的职业教育发展目标；重视对女性和弱势群体开展技能培训，努力让社会弱势群体和边缘群体享受公平教育。另外，政府专门设立职业教育专项助学金和奖学金，并增加奖助名额，授权高等教育贷款委员会为贫困家庭学生提供职业教育专项贷款，帮助贫困学生入学。

---

[1] Ministry of Higher Education, Science and Technology. A policy framework for education and training on reforming education and training sectors in Kenya[R]. Nairobi: Ministry of Higher Education, Science and Technology, 2012: 102.

第八章 成人教育

成人教育系统是肯尼亚的教育子系统之一，以满足失学儿童、青少年和成年人的基本学习需求为宗旨，重点向未能按时入学接受教育的学习者提供教学，扫除文字性文盲和功能性文盲。本章介绍肯尼亚成人教育的历史沿革和现状，总结其特点，分析其面临的挑战及对策。

第一节 成人教育的发展和现状

独立以前，肯尼亚成人教育由志愿组织零散推动。1963年以后，以扫盲教育为主要目的的成人教育，由肯尼亚政府领导进入规模性发展阶段，取得了一定的成绩。

一、历史沿革

（一）志愿组织零散推动期（1963年以前）

肯尼亚的成人教育可追溯至19世纪80年代，传教士教授人们阅读并传播基督教教义，同时也教授一些实用课程，如木工、园艺等。1909年，《弗雷泽报告》建议，为欧洲人、亚洲人和肯尼亚人分别建立教育体系，其中，面向肯尼亚人的教育体系限制性强且培养目标局限，仅有极少数儿童有机会入学，青年和成年人被排除在外。

当时，殖民政府没有开展大规模的扫盲工作，但一些非政府组织为了帮助肯尼亚劳动力达到殖民政府雇佣工作岗位对知识和技能的基本要求，在全国各地开展扫盲活动，面向肯尼亚劳动力进行了一定的识字教学，培养他们的阅读理解力和简单的计算能力。例如，肯尼亚国家基督教委员会活跃于社会和经济发展领域，推行扫盲教育，组织扫盲班。直到1979年肯尼亚开展国家扫盲运动之前，肯尼亚国家基督教委员会一直在培训扫盲教师和编写扫盲材料方面发挥着主要作用。

（二）规模性扫盲期（1963年至20世纪末）

肯尼亚的成人教育正式开始于20世纪60年代，其主要内容是扫盲，提高识字率。独立后不久，肯尼亚政府成立了社区发展部，负责开展扫盲活动。然而，由于缺乏物质和人力支持，社区发展部的努力没有取得显著成果。1967年，肯尼亚政府在少数试点地区开办扫盲班，其目标是到1970年使扫盲班覆盖全国所有地区。1968年，8个试点地区共有583个政府支持的扫盲班。但2年后因财政拮据，政府无法满足迅速扩张的开办扫盲班的需求，于是决定限额资助扫盲班。[1] 扫盲运动因此受到影响，学校管理人员和教师士气下降，入学人数急剧下降，大多数扫盲班不得不关闭。[2]

1972年，在联合国教科文组织的协助下，肯尼亚继续选取6个试点地

---

[1] MAINA A N. Access and effective participation of adult basic education programmes in Nakuru-north sub-county, Nakuru county, Kenya: C. 1963–2014[D]. Nairobi: Kenyatta University, 2016: 32-33.

[2] CARRON G. The functioning and effects of the Kenya literacy program[J]. African studies review, 1990, 33(3): 97-120.

区实施"扫盲实验计划"，旨在解决国民基本经济和生存需求，但由于资金紧缺和实验计划不使用母语作为教学语言而推行困难，"扫盲实验计划"的目标未能实现。[1]

1979年，肯尼亚举国上下意识到文盲是国家发展的障碍之一，消除文盲被肯尼亚政府列为国家优先事项。肯尼亚性别、体育、文化和社会服务部成立成人教育司，以扫盲为主要内容的成人教育项目如火如荼地在全国展开，扫盲班如雨后春笋般出现，注册的成人学习者人数大幅增加，5年间约有200万人参加扫盲班。然而，尽管政府努力消除成人文盲，但肯尼亚成人文盲率仍然较高，因而肯尼亚政府将扫盲视作一项长期的艰巨任务，持续推进扫盲试点和全国推广工作。

到1996年，扫盲运动取得了一定进展。在肯尼亚国家图书馆服务局的帮助下，12个试点地区建立了社区学习资源中心和图书馆。成人教育司和其他相关部门共同完成了八个学科的课程开发和教材编制工作，这些课程分为核心科目（英语、斯瓦希里语、数学、农业）和选修科目（环境与健康、商业管理、公民学和社会伦理、应用科学和技术），共涉及教材20本，每本教材印制8 700册，供扫盲试点地区使用。1991—1998年，共有1 656名教师参加了成人教育教师基础课程并通过考核。1999年，29名教师获得了成人教育文凭。[2]

此外，成人教育相关法案和措施的审查和宣传工作也得到加强。肯尼亚不仅通过媒体、地方行政部门、国际扫盲日庆祝活动来宣传成人教育，也通过与其他组织合作，推动成人教育赞助工作。

[1] MAINA A N. Access and effective participation of adult basic education programmes in Nakuru-north sub-county, Nakuru county, Kenya: C. 1963-2014[D]. Nairobi: Kenyatta University, 2016: 30.

[2] 资料来源于联合国教科文组织官网。

（三）向系统化成人教育转变期（进入 21 世纪以来）

进入 21 世纪以来，在千年发展目标的指引下，《减贫战略书（2001—2003 年）》《财富和就业经济振兴计划（2003—2007 年）》《教育部门支持计划（2005—2010 年）》《国家理工学院青年计划（2007 年）》《成人和继续教育政策（2007 年）》等一系列文件都把以扫除文盲、提高成人识字率为主要内容的成人教育作为发展事项之一。2002 年，成人教育司工作由性别、体育、文化与社会服务部转至教育部下，更名为成人和继续教育理事会，由名称上可见，肯尼亚成人教育的外延扩大。

然而，许多肯尼亚人仍然未达到参与国家发展所需的最低识字水平，全国只有不到 15% 的青年达到进入中等和高等教育机构的知识水平；2007 年，肯尼亚全国成人识字调查显示，全国只有 61.5% 的成年人达到了最低识字水平，只有 29.6% 的成年人具备理想的读写能力，约 29.9% 的 15—19 岁青年和 49% 的 45—49 岁成年人仍是文盲。[1]

为此，《2030 年愿景》中的第一个中期规划（2008—2012 年）计划实施成人基础教育，旨在将成人识字率从 2007 年的 61.5% 在 2012 年提高到 72%，在该周期内财政拨款 2.31 亿肯先令支持计划实施。[2] 2009 年，肯尼亚教育部提出《补偿性基础教育与培训政策》，鼓励教育和培训机构参与成人教育，从而将非正规教育部门纳入国家教育统计，同时，各类教育和培训机构以此获得教育部服务。同年，肯尼亚成年学习者联合会成立，肯尼亚成年学习者联合会组织成年学习者进入识字课堂，宣传成人教育项目，提升成人教育意识。2009—2011 年，成人基础教育入学人数从 20.5 万人增加

---

[1] BENARD O N, JUDAH M N. Adult and continuing education in Kenya: the need for transformative leadership[J]. World journal of education, 2015(5): 55.

[2] Ministry of Devolution and Planning. End term review of the first medium term plan (2007-2012)[R]. Nairobi: Government of Kenya, 2014: xxvi-xxvii.

至 32 万人，但尚无关于成人识字率的统计数据。[1]

2018 年，肯尼亚政府意识到成人教育能给学员提供实用知识和工作本位技能，使失学儿童、青少年和成人有能力参与国家发展事务，是错失正规教育机会的儿童、青少年和成人的补偿性教育。为此，政府通过《国家教育部门战略规划（2018—2022 年）》为成人教育确定了三项优先发展事项：扩大教育机会和参与度、提升项目质量和相关度、加强成人教育机构治理和问责机制建设工作。

二、现状

（一）教育规模

进入 21 世纪以来，肯尼亚成人教育仍以扫盲为主要内容，取得了一些成绩。成人教育注册入学人数由 2009 年的 93 903 人，增长到 2010 年的 276 553 人。在这一时期，成人教育学员注册能力测试人数和通过人数也随之增长。经过 18 个月的课程学习后，学员需进行一次阅读和写作能力测试。2006 年，17 012 名成人学员通过了能力测试，其中，女性占比 71.1%。2007 年，通过能力测试的成人学生总数增加至 18 031 人，2010 年下降至 10 485 人，2011 年增加到 16 421 人。[2]

成人教育注册入学人数从 2017—2018 学年的 146 799 人增加到 2018—2019 学年的 211 627 人，2019—2020 学年则下降到 169 302 人，成人教育发展表现出不稳定性。[3] 究其下降原因，主要是成人教育已显成效，2018 年，

---

[1] 根据肯尼亚国家统计局历年《经济调查报告》整理。

[2] 根据肯尼亚国家统计局历年《经济调查报告》整理。

[3] 根据肯尼亚国家统计局历年《经济调查报告》整理。

肯尼亚 15 岁以上人口的识字率已达 82%，男性和女性识字率分别为 85% 和 78%，需要接受以扫盲为目的的成人教育学习者数量减少。[1]

（二）责任机构和教育项目

2005 年之前，肯尼亚成人教育由性别、体育、文化和社会服务部负责，后改由教育部负责，教育部下设成人和继续教育理事会，理事会负责协调和管理成人教育相关活动。

成人和继续教育理事会主要工作职责如下：制定和实施成人和继续教育政策；通过多种成人基础教育项目提升成人读写能力；多途径提供教育机会；推广普通成人教育项目；为失学儿童提供基本读写能力教育；制定补偿性基础教育项目指导方针，为边缘化群体和弱势群体提供相当于基础教育水平的教育服务；管理测评和考试；开发教育项目；通过与利益相关方合作，推进落实社区赋权计划；开发教学材料；管理教师；对外合作。

但发展多样化的成人教育不仅仅是肯尼亚政府或肯尼亚政府某一部门的责任，肯尼亚许多公立教育机构、私立教育机构、社区教育机构，甚至个人也可以参与提供成人教育服务。

成人教育项目分为四类：基本扫盲项目、后扫盲项目、继续教育项目、社区教育与赋权项目，这些项目的共同点是保证失学儿童、青少年和成人具备生活和工作所需要的基本识字和计算能力。其中，基本扫盲项目和后扫盲项目属于基础教育项目：基本扫盲项目旨在向肯尼亚文盲、失学青年和成年人传授基本读写能力、计算能力和沟通技能；后扫盲项目帮助那些已经达到基本识字水平的人参与生产性学习活动，应用和提高所学的基本

---

[1] 资料来源于世界银行官网。

知识和技能，使其能够通过自我指导来继续接受教育，提高生活质量。继续教育项目是为没有机会或错失教育机会的青年和成年人提供继续接受小学或中学教育，并参加考试的机会。继续教育项目以促进学习者掌握基础知识和基本技能为目标，旨在提升青年和成年人的自我认同感，使其积极地参与社区和国家发展事务，该项目还为青年和成年人提供进入正规教育系统的机会。继续教育项目为非全日制，课程多在晚上、周末或商定的工作日进行，以此适应学习者的工作生活安排。社区教育和赋权项目的目标人群是希望丰富自己的知识、提高职业和技术技能的青年和成年人，旨在为学习者提供知识、技能，培养其正确的态度和价值观，使他们能够从事薪资可观的工作并改善生活质量。其课程内容涉及农业和家庭经济推广服务、初级保健和预防保健、家庭生活教育、环境教育、合作教育、性别教育、公民教育等。

进入 21 世纪 10 年代，内罗毕大学等高等院校也陆续开设成人教育项目，使已工作的成年人有机会通过分布于全国各地的教学点学习文凭课程和研究生文凭课程。为了使尽可能多的成年人从高校课程中受益，许多高校还面向成人教育学生开设了衔接课程，提供夜校、周末学校、开放和远程学习等修习方式。

（三）经费

肯尼亚的成人教育是由多个部门和组织合作推进的。项目提供者包括中央和地方政府、私人部门、非政府组织，甚至个人，参与主体众多，因而很难确定肯尼亚成人教育经费具体情况，此处以肯尼亚政府的经费预算为例。表 8.1 展现了《国家教育部门战略规划（2018—2022 年）》中成人教育发展预算，主要涉及扩大教育机会和参与度、提升项目质量和相关度、强化系统三个方面的预算，其中，系统强化经费指为了提供高质量和高相关度的成人教育，而用于政策、框架和战略制定和实施的费用。[1]

表8.1 2018—2023年肯尼亚成人教育经费预算

单位：百万肯先令

财年	扩大招生经费	质量及相关度经费	系统强化经费	合计
2018—2019	—	—	4 968	4 968
2019—2020	1 080	41	5 252	6 373
2020—2021	1 680	49	1 955	3 684
2021—2022	1 350	36	37	1 423
2022—2023	900	20	7	927

第二节 成人教育的特点

一、政府宏观调控，非政府组织多方实施

肯尼亚职业教育由政府进行宏观领导，依靠非政府组织等多方参与而实施。在政府层面，肯尼亚成立成人和继续教育理事会专门负责组织、协调相关工作；同时，中央政府联合地方农业机构、地方卫生机构等，制定成人教育发展和培训政策。

但肯尼亚并没有把成人教育办学权和发展权局限于政府，在包容性和开放性理念的影响下，肯尼亚鼓励非政府组织参与成人教育，如肯尼亚成人学习者联合会、扫盲合作伙伴等。这些非政府组织通过建立扫盲中心、

---

[1] Ministry of Education. National Education Sector Strategic Plan 2018-2022[R]. Nairobi: Ministry of Education, 2019: 96-97.

提供学习场所、启动新计划、翻译文本、宣传动员等行动推动肯尼亚成人教育的发展。

此外，肯尼亚成人教育也充分借助联合国教科文组织、联合国开发计划署、联合国儿童基金会、世界银行、中国、德国等国际组织和国家的经验、理念、技术、资金推进项目。

二、结合语言多样化国情，教学语言使用因地制宜

一方面，使用当地语言推广成人教育项目可以对母语不是国家官方语言的成人教育学习者产生积极影响，使用当地语言作为教学媒介，可以提高基础教育项目的入学率和参与率。另一方面，语言也是教学内容。肯尼亚政府认为巧用教学语言，可激励学习者学习母语以外的另一种语言，如官方语言、民族语言或国际语言，为未来在与行政、贸易、商业相关的工作事务上做准备。

因此，肯尼亚政府提出，在多语言社区环境下，成人教育应该因地制宜，使用两种或两种以上的语言进行教学。语言既是重要的教学媒介，也是重要的教育内容。肯尼亚教育部倡导成人教育先采用多样化的方法、使用学习者的母语来教授基本的识字内容，然后再根据成人教育项目规划教授其他语言或侧重特定主题。

三、突出全民性和可持续发展性

肯尼亚政府重视成人教育，充分发挥成人教育在促进国家经济发展和维护社会稳定方面的巨大作用，将成人工作、生产和生活与其教育紧密结

合。从最初的成人教育司，到现今的成人和继续教育理事会，以及其归属部门的变化可以看出，肯尼亚十分重视成人教育的全民性和可持续发展性。

与一些国家限定学制和学龄的成人教育相比，肯尼亚的成人教育发展至今，从未对学制和学龄做出限定。同时，肯尼亚是非洲较早受到联合国教科文组织、世界银行和经济合作与发展组织关注的国家之一，其成人教育受国际先进理念影响较大。肯尼亚当前在教育政策和国家发展规划中已经转变话语体系，从 21 世纪初提出扫盲教育转变为 21 世纪 10 年代提倡终身学习的成人和继续教育。

第三节　成人教育的挑战和对策

一、面临的挑战

尽管各种政策、文件和发展项目都证明肯尼亚在发展成人教育上付出了各种努力，但肯尼亚的成人教育仍在师资队伍、教育教学资源、地区发展差异等方面面临着挑战。

（一）师资队伍方面

教师资源短缺是肯尼亚成人教育面临的第一个挑战。由于退休、自然减员、过度依赖兼职教师和培训员等原因，肯尼亚成人教育教师的数量正在减少。1979 年年初，全国共有 3 000 名全职成人教育教师。而到 2006 年，下降到 1 792 名，降幅约 40.3%。政府随即雇用了兼职教师，到 2007 年年底，全国有 5 065 名成人教育教师，其中 1 650 人为全职教师，3 415 人为兼职教师。[1]

多方资助成人教育项目中的教师大多是志愿者和兼职教师，他们只能获得一点象征性的报酬。同时，肯尼亚成人教育教师缺乏信心且不愿接受培训，年轻且缺乏经验的成人教育教师面对比他们大得多的学习者时，往往无法有效开展教学活动。

（二）教育教学资源方面

基础设施严重缺乏是肯尼亚成人教育面临的第二大挑战。2007 年，《经济调查报告》指出，大部分成人教育的教学场所都在社区，如社区所属的学校、教堂、清真寺、社区会堂等，甚至大树下。即使专门的成人教育中心的环境也十分简陋，甚至缺少厕所等基本卫生设施。

另外，2015 年的肯尼亚全民教育调查发现，大多数成人教育机构没有足够的教学材料。这一问题在基础扫盲项目中尤为突出，学习者不仅上课期间缺乏相关的学习材料，回家后也没有可用的学习材料。教师也缺少成人教育指南、课程标准等参考资料。

（三）地区发展差异方面

地区发展差异大是肯尼亚成人教育发展面临的另一严峻挑战。经济发展欠佳、资源较少的地区，尤其是干旱半干旱地区，识字率较低（29%—39%）。与之相对，经济发展水平较高、资源较丰富的地区，识字率较高（60%—74%）。例如，早在 2007 年，内罗毕地区成人识字率已达到 87.1%，

[1] MAINA A N. Access and effective participation of adult basic education programmes in Nakuru-north sub-county, Nakuru county, Kenya: C. 1963–2014[D]. Nairobi: Kenyatta University, 2016: 43-44.

而加里萨郡、瓦吉尔郡、曼德拉郡三个地区仅为 8%。2006—2007 年，内罗毕郡和原裂谷省的 14 个郡的成人学习者人数呈显著增长趋势，而其他郡则有所下降；城乡差距也很明显，农村成人识字率比城市低约 10%。同为贫困人口，农村贫困人口的识字率也低于城市贫困人口的识字率，其中，农村贫困妇女识字率最低。[1]

二、应对策略

为使失学儿童、青少年和成年人在适宜的时间和地点得到平等、包容的教育，享有均等教育机会，肯尼亚在《国家教育部门战略规划（2018—2022 年）》中制定如下应对策略。

第一，扩大成人教育学习机会。肯尼亚计划在 2018—2022 年通过改善学习环境和完善学习中心设施，扩大成人教育各类项目的学习机会。具体措施包括：新建 300 个成人学习中心，修缮 300 个社区学习资源中心，为 2 642 个成人教育机构（约占总数的 50%）增设无障碍基础设施，升级 5 所多功能发展培训学院为成人教育教师培训学院，制定成人教育培训项目成本分担政策。

第二，提升成人教育项目质量和相关度。肯尼亚教育部计划重新审查成人教育课程及相关材料；为成人教育项目制定质量保障标准；通过在职培训加强成人教育教师能力，招募和调用更多的教师；为成人教育的教师培训提供课程和培训材料；增强成人教育课程内容和教师课程实施能力之间的关联性。

第三，为学习者提供短期速成课程。鉴于现有的成人教育正规课程更

---

[1] MAINA A N. Access and effective participation of adult basic education programmes in Nakuru-north sub-county, Nakuru county, Kenya: C. 1963-2014[D]. Nairobi: Kenyatta University, 2016: 43-45.

适用于儿童和少年，对于在职成人而言课程较繁琐冗长的情况，肯尼亚政府计划为成人学习者提供同样具有可比性和关联性的短期小学教育课程和短期中等教育课程。政府将对相关教师进行培训，并制定课程对应资格框架。

第四，在教学、学习和测评上引入信息通信技术。政府将摸底调查全国成人教育基础设施情况，然后从以下五个方面做好信息通信技术引入的准备工作：进行成人教育领域数字鸿沟研判，整合课程实施工作与信息通信技术引入工作，将信息通信技术融入成人教育的课程设计与教学环节，将在线学习列为成人教育课程的教学模式之一，建立信息通信技术对成人教育教学影响力的监测和评估机制。

第五，加强教育机构治理和问责机制建设工作，提升成人教育效率。加强公共财政管理、资源流动、领导管理系统等方面的人员培训，提高其办事能力；在2022年进行肯尼亚成人识字率调查；建立地方成人教育咨询委员会；加强对成人和继续教育理事会工作人员的审查和培训工作。

第九章 教师教育

教师教育系统是肯尼亚的教育子系统之一。独立以来，肯尼亚重视发展教师教育，从国家发展实际需求出发，重点培养小学教师，中学教师培养规模也逐渐扩大。为促进教师教育发展，服务教师群体，肯尼亚成立国家教师服务委员会，统管教师培训和发展等事宜。本章介绍肯尼亚教师教育的历史沿革和现状，总结其特点，分析面临的挑战及对策。

第一节 教师教育的发展和现状

一、历史沿革

（一）独立以前

18 世纪中期，欧洲基督教传教士将教师教育引入肯尼亚。随着基督教的传播和殖民统治的深入，肯尼亚社会对教师的需求不断增加，传教士将教会学校里较优秀的学生派出去做教师和传教士，这是肯尼亚独立以前的教师教育雏形。教会对这些派出教师的教育主要集中在周末，培训地点多为传教士使团总站，这些教师主要为当时无计划性的、大规模扩张的教会学校和灌木丛学校服务。早期建立的教会学校和灌木丛学校多是小学（预备班一至二年和一至四年级）和中间学校（五至八年级），因此，早期教师教育项目主要以三至八年级学生为培养对象。可见，当时大部分受训者学历较低，即便如此，在很长一段时间里，他们也是肯尼亚本土受教育程度最高的人。

20世纪20—30年代，以传教士使团支持为主的教师培训机构规模不断扩大，几乎每个传教使团都有一个教师培训机构。同时，由政府支持的教师培训中心也开始出现。1925年，殖民政府在卡比特地区建立了肯尼亚的第一个教师培训中心，名为珍妮学校，用以培训乡村学校的管理者和教师。1931年，肯尼亚共有15个教师培训机构，其中12个由宗教团体创办，其余为政府创办；到1937年，肯尼亚教师培训机构增至33个。[1]

这一时期，与专门的教师培训机构相对应，中等教育阶段开设了教师教育课程，用以培养教师。当时的喀巴学校和联合中学都开设了教师教育课程，并颁发初中教师资格证书，而独立的教师培训机构提供初级小学教师证书、中级小学教师证书或高级小学教师证书课程。总体来看，当时教师教育机构和资格证书体系已经初步形成，但是教师教育质量并不理想。其中，宗教团体创办的教师培训机构所培养的教师质量尤其差。例如，1935年，来自宗教团体创办的教师培训机构的292名申请教师证书的考生中，仅1人通过考试。[2]

1937年1月7日，肯尼亚非洲师范学院成立，这是殖民时期肯尼亚人自己创办的教师教育学校，专门为肯尼亚人在独立学校运动时期创办的学校培养教师。

---

[1] BOGONKO S N. A history of modern education in Kenya (1985-1911) [M]. Nariobi: Evans Brothers Kenya Limited, 1992: 29-31.

[2] BOGONKO S N. A history of modern education in Kenya (1985-1911) [M]. Nariobi: Evans Brothers Kenya Limited, 1992: 32.

（二）独立之后

一战后，中等教师教育有所发展。1965 年和 1966 年，肯雅塔学院和肯尼亚科学教师学院相继成立，开始培训中学教师。同时，内罗毕大学学院也开始培训文科学士水平和理科学士水平的中学教师。1967 年，根据《议会法》，肯尼亚成立教师服务委员会，负责教师的招聘、晋升和调配工作。1970 年，内罗毕大学学院升级为大学，文、理科学士水平的中学教师培养方案转为教育学士学位水平的培养方案。1972 年，肯雅塔大学学院建立，也提供教育学士学位课程，肯尼亚教师教育得以进一步发展。1977 年，肯尼亚技术培训师学院成立，培训文凭级别的职业教育教师。

这一时期，肯尼亚教师教育发展和管理表现出两个特点。一是 20 世纪 60—80 年代，教师教育专业由非专业人士管理，但学术性极强，教师被视为一种高尚的职业。当时，全国上下都认为教育是国家的未来，并认为教师能够培养未来社会的领导者，教师教育专业只录取那些优秀的、经验丰富的、享有特权的人。二是 20 世纪 90 年代之后，随着市场经济的引入，职业技能被视为赚取高薪和积累财富的重要跳板，教师的职业地位开始降低，社会对教师教育的重视程度也有所降低。

二、现状

（一）教师教育体系

肯尼亚的普通教师教育体系包括幼儿教师教育、小学教师教育、中学教师教育三个子体系。[1]另外，还有针对职业教育教师和特殊教育教师的教育。

幼儿教师教育由地区幼儿教育中心以在职课程的形式培养，培训合格后授予幼儿教师证书。国家幼儿教育中心负责开发课程、培训地区幼儿教育中心的培训员和监督员、监管和评估幼儿教师教育体系。小学教师主要由公立小学教师培训学院以两年制寄宿课程的形式培养，毕业授予小学教师教育证书；随着教师教育改革，小学教师教育正从证书层次向文凭和学位层次提升，由教师培训学院以三年制教师培训课程的形式培养，完成全部培训课程后授予教育学文凭，或由大学以四年制师范生方式培养，授予教育科学学士学位。中学教师教育有两种培养方式：一种是由公立中学教师培训学院以三年制课程培养，毕业授予教育学文凭；另一种是由大学以四年制本科课程培养，毕业合格授予教育科学学士学位。职业教育教师由肯尼亚技术培训师学院负责，它为技术培训学院、小学教师培训学院等培养教师，学制两至三年，毕业授予职业文凭。特殊教育教师由肯尼亚特殊教育学院培养，两年制课程，毕业授予特殊教育教师文凭。

（二）规模

截至 2020 年，肯尼亚有 22 所公立高校开设教师教育课程，包括师范生课程和教师培训课程两种项目，有 29 所公立小学教师培训学院提供小学教师教育证书课程，有 3 所公立中学教师培训学院提供文凭课程，有 1 所肯尼亚技术培训师学院提供技术教师文凭课程。另外，还有 14 所私立教师培训学院提供教师教育服务。

表 9.1 是 2017—2019 年肯尼亚教师教育课程的入学人数。2019 年，因部分教育经费被用于新建和修缮学院，同时，肯尼亚小学教师教育资格体

[1] KATITIA D. Teacher education preparation program for the 21st century: which way forward for Kenya?[J]. Journal of education and practice, 2015, 6(24): 58-59.

系中的证书资格向文凭资格升级，小学教师教育课程入学人数锐减。历年小学教师教育课程的女性入学者多于男性入学者。[1]

表 9.1 2017—2019 年肯尼亚中小学教师教育课程入学人数

类别	2017 年		2018 年		2019 年	
	男	女	男	女	男	女
小学教师教育课程	18 267	21 531	18 253	21 940	13 208	16 492
中学教师教育课程	1 273	1 060	1 204	954	1 047	990

（三）培养方案

肯尼亚教师教育体系包含多个子系统，教师教育培养方案较多，此处以目前规模最大的小学教师教育体系为例。

在录取方面，小学教师培训学院的证书课程录取要求是在肯尼亚中等教育证书考试中平均成绩达到 C。教师培训学院的教育学文凭课程或大学的教育科学学士学位课程录取要求是在肯尼亚中等教育证书考试中平均成绩达 C+；在单项成绩方面，两门教学课程达到 C+、英语达到 C，人文社科和语言教师教育申请者的数学成绩达到 D+，科学教师教育申请者的数学成绩达到 C。[2]

在课程内容方面，以证书课程为例，证书课程计划包括理论课程和实践课程（见表 9.2）。第一学年的理论课程即学科基础课程，其中"专业研究"这一课程的内容尤为丰富，包括教育基础学科（哲学、历史、社会学、比较教育学）、课程研究、教育心理学（含教育测评）、教育管理和特殊教育、教育指导、咨询和法律问题等多个专题。第二学年的理论课程分为专业必修课

---

[1] Ministry of Education. Basic education statistical booklet 2019[R]. Nairobi: Ministry of Education, 2019: 36.

[2] 资料来源于肯尼亚国家考试委员会官网。

和专业选修课，给予了学生一定程度的自主权。实践课程为全体学生必修内容，在每学年第二学期开展。[1]

表9.2 肯尼亚小学教师教育课程设置

学年		理论课程	实践课程
第一学年	学科基础课	数学、英语、斯瓦希里语、科学、社会研究和宗教教育、专业研究、创意艺术、体育、信息通信技术。	第二学期2—3周
第二学年	专业必修课	英语、斯瓦希里语、教育、体育、信息通信技术。	第四学期2—3周
	专业选修课	从以下两类选择一类。A类：科学、家政、农业、数学。B类：音乐、艺术和工艺、社会研究和宗教教育。	

在学业评价方面，理论课程考试包括过程性考核和终结性考核，过程性考核占总成绩的30%，终结性考核由肯尼亚国家考试委员会组织，占总成绩的70%，每学年共九门课程考试，通过八门者可获得小学教师教育证书。[2] 实践课程的考核也包括过程性考核和终结性考核，前者由导师负责，后者由外部评估小组负责。外部评估小组由国家质量保障标准理事会官员、大学教师、肯尼亚教育研究院代表、国家考试委员会代表组成。

（四）教师管理

肯尼亚教师服务委员会是肯尼亚政府授权的基础教育教师管理组织，根据《肯尼亚宪法》，委员会履行以下职能：负责培训教师注册工作、负责

---

[1] KATITIA D. Teacher education preparation program for the 21st century: which way forward for Kenya?[J]. Journal of education and practice, 2015, 6(24): 58-59.

[2] KATITIA D. Teacher education preparation program for the 21st century: which way forward for Kenya?[J]. Journal of education and practice, 2015, 6(24): 60.

注册教师的招聘和解聘工作、负责公立学校或机构的分配工作、负责教师的晋升和调任工作、负责教师的纪律管理工作、制定教师在职教育和培训标准、负责教师供需调查工作和为政府提供教师职业咨询服务。当前，肯尼亚教师服务委员会正全面推进教师招聘、教师专业发展、教师能力建设三方面的工作，提升国家教师教育服务质量（见表9.3）。[1]

表9.3 2017—2020年肯尼亚教师服务委员会工作

服务人次

学年	2017—2018	2018—2019	2019—2020
教师招聘	14 700	5 000	5 000
教师专业发展	1 327	1 251	1 165
教师能力建设	—	91 969	185 045

依据2012年发布的《教师服务委员会法》，所有接受过教师教育并取得相应证书的教师，须在教师服务委员会登记注册后，才可以应聘公立或私立学校相关岗位。委员会对登记注册信息进行审核，注册材料包括：学历和专业证书、身份证、注册缴费银行流水单、护照尺寸照片、肯尼亚税务局识别码、体检表、品行良好证明、入境和工作许可（非肯尼亚人）等材料的原件和复印件。

当申请注册者出现缺少学历或专业资格材料，有侵犯、猥亵未成年人记录或刑事犯罪记录，因身体或精神上的疾病而不能履行教师职责等情况之一的，不予以注册。当申请注册者死亡，申请材料弄虚作假，有侵犯、猥亵未成年人记录或刑事犯罪记录，因身体或精神上的疾病而不能履行教师职责等情况之一的，注销其教师资格。

---

[1] 根据肯尼亚历年《教师服务委员会年度报告》整理。

第二节 教师教育的特点

一、成立专门机构服务教师群体

肯尼亚重视教师职业群体的管理工作，为此，在 1967 年成立了教师服务委员会。在肯尼亚独立后的五年内便成立专门的委员会，可见肯尼亚极其重视教师群体。成立之初，教师服务委员会作为肯尼亚政府授权的教师人事编制管理部门，秉持服务教师群体的使命，在组织协调教师登记注册、招聘等常规工作方面发挥了积极作用。

此外，教师服务委员会还致力于保障和提升教师职业群体质量，提倡制定教师教育标准，提高教师教育入学标准，从职业准入方面保障教师质量；不断扩大教师专业发展和能力建设服务的规模，自上而下地对教师教育的培养单位、教师聘用单位等单位的从业人员进行在职能力培训。例如，教师服务委员会推动肯尼亚小学教师教育标准由资格证书向文凭和学士学位层次升级，并进一步提出，应提高教师教育课程入学标准，将入学标准由肯尼亚中等教育证书考试中成绩达到 C 提高到 C+。

同时，教师服务员会通过提高教师教育课程学习者积极性，以使其达到教师注册登记要求，有机会获得教师工作。成立至今，肯尼亚教师服务委员会在服务国家教师专业群体、协同提升教师教育质量方面发挥了重要作用。

二、信息通信技术助力教师教育发展

随着信息化进程的加速，肯尼亚政府紧跟时代步伐，重视提高教师的信息技术素养，在教师教育领域增设信息通信技术课程。肯尼亚在《教育、培训和研究政策框架》中，首次对教师提出信息技术素养方面的要求，并将信息通信技术纳入肯尼亚教师教育课程方案和课程改革中，视之为实现《2030 年愿景》所必需的教育改革内容之一。为此，肯尼亚教育部开发了融合信息通信技术的教育和培训课程，分别在教师教育中和在职教师培训中使用。截至 2014 年，肯尼亚累计对 39 963 人次进行了信息通信技术课程培训，受训者主要是来自教师培训学院、中小学校、地方教师工会等部门的教师和教师管理者。[1]

同时，肯尼亚通过提供信息通信技术设备助力教师教育专业的人才培养。为提升未来教师的信息技术素养，2014 年 1 月，肯尼亚开始实施"全国小学教师笔记本装备项目"，为小学教师教育专业的学生提供笔记本，以保证其在任何时间、地点都可以接受教育。

此外，肯尼亚加强教师教育相关部门的信息化建设，将信息通信技术与肯尼亚国家考试委员会、教师服务委员会、教师绩效考核与发展系统等机构工作和系统建设工作有机结合，提高了教师教育考试、教师招聘报名、教师注册注销、教师在职培训等工作的效率。

三、借助内外部力量，建立良好合作伙伴关系

肯尼亚教师教育的迅速发展受益于良好的合作伙伴关系。教育部充分利用和授权国家教育发展部门、教师培训学院、私人部门等主体来推进教师教育事业发展。在教师教育发展过程中，肯尼亚教师服务委员会、国家考试委员会、肯尼亚教育管理研究院、肯尼亚课程开发研究院、教师培训

---

[1] 陶媛. 肯尼亚教育部开发信息通信技术课程 [J]. 世界教育信息，2013，26（19）：78.

学院、高等院校间保持着良好的合作伙伴关系，各部门保持着一致性和协同性，在教师教育发展过程中贯彻政策文本的中心思想。

另外，在肯尼亚政府的支持和鼓励下，教育部及其下属各部门与国际组织、其他国家建立起良好的合作伙伴关系，就开展教师交流计划、提升教师教育质量、扩大教师教育规模等达成了双边或多边协议。这些合作伙伴有非洲联盟、欧盟、非洲开发银行、世界银行、联合国教科文组织等地区或国际组织，有非洲大学协会等区域大学协会，也有德国、英国等教师教育水平较高的国家。除借助外部力量发展自己外，肯尼亚也注重向非洲其他国家宣传本国教师教育的发展经验和典型案例，打造肯尼亚的教师教育品牌，扩大肯尼亚的非洲影响力和国际影响力。

四、培训主体专业化，培训形式多样化

肯尼亚教师教育的主要实施单位有教育部、教师服务委员会、肯尼亚国家考试委员会、肯尼亚课程开发研究院。这些组织机构均是政府部门，在教师、考试、课程与教学等领域具有极强的专业性，它们组织开展的教师培训活动均是各自职能领域内的专业类培训，对提升教师的专业能力至关重要。

另外，肯尼亚教师教育的形式是多样化的，除了传统的讲座和学习培训班外，还有校外工作坊、校内工作坊、会议、网络研修、同行评议、互助合作组、大学学分课程、合作调查等，其中，校外工作坊是教师教育专业发展最常采用的形式，具有较强的灵活性。

第三节 教师教育的挑战和对策

一、面临的挑战

高素质教师队伍是全面地、高质量地发展教育事业的重要基础，而教师教育则是提高教师队伍整体素质的有力保障。面对快速发展的教育事业，肯尼亚教师教育面临着严峻挑战，这主要体现在教师教育供不应求和教师教育培训时长不足两方面。

（一）教师教育供不应求

《国家教育部门战略规划（2018—2022 年）》根据国家适龄入学儿童数预估未来教师需求后指出，肯尼亚教师需求规模与教师教育的培养规模不匹配，教师教育供不应求问题突出。如表 9.4 所示，2022 年和 2023 年教师缺口总量均超过 11 万人，这表明，教师教育培养规模未能与肯尼亚中小学的发展规模协同发展。[1]

表 9.4 2019—2023 年肯尼亚中小学教师缺口量

单位：人

年份	中学教师	小学教师	总计
2019	61 671	37 410	99 081
2020	66 718	36 777	103 495
2021	72 179	36 155	108 334

---

[1] Ministry of Education. National Education Sector Strategic Plan 2018-2022[R]. Nairobi: Ministry of Education, 2019: 23.

续表

年份	中学教师	小学教师	总计
2022	78 086	35 543	113 629
2023	84 478	34 941	119 419

（二）教师教育与培训时长过短

尽管肯尼亚政府一再强调，将更加重视在职教师培训，以此提高教学质量，并在《国家教育部门战略规划》中多次设定关于教师教育和教师培训的目标。但事实上，肯尼亚在职教师培训规模远不能覆盖所有教师，有教师反映，在 2018 年 1 月至 2019 年 9 月，从未接受过任何类型的在职培训。即使肯尼亚时常获得非政府组织和国际援助机构支持而开展了一些教师培训项目，但这类项目通常规模小、时间短、可持续性差。如图 9.1 所示，肯尼亚

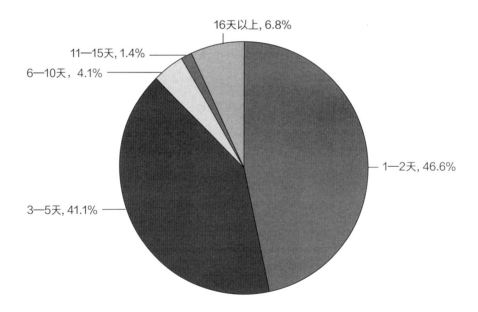

图 9.1　2014—2019 年肯尼亚教师参加教师教育和培训活动时长

教师在 2014—2019 年参加教师教育和培训活动平均时长不足 6 天。这意味着教师所接受的培训内容是短期的、非结构化，缺乏可持续性，这无法从真正意义上提升教师的专业能力。[1]

二、应对策略

肯尼亚政府的教育发展愿景是为学习者打造一个能够提供理想价值观、态度、知识、技能和能力、技术的教育环境。教师是保障教育质量、实现国家教育发展愿景的重要实践者。为配合正在进行的以能力本位为核心思想的教育改革，《国家教育部门战略规划（2018—2022 年）》将教师教育发展规划目标设定为重塑肯尼亚教师教育品牌，确保教师资源的公平性和合理使用，引进绩效合同和教师绩效考核与发展系统，重视专业发展，完善治理和问责机制，以此应对教师教育所面临的挑战。

（一）重塑教师教育品牌，增强教师教育吸引力

肯尼亚正进行教师教育改革，使之与课程改革协调发展，重塑教师教育品牌，增强教师教育专业吸引力，为扩大教师教育规模做准备。第一，对现有教师教育培养方案进行调查，评估其相关性。第二，修订学前、小学和中学教师教育课程和评估框架。第三，继续进行教师培训学院课程改革。第四，制定教师培训学院教师工作条例。第五，将教师培训学院教师课程纳入审查范围。第六，修订政策框架，制定各级教师教育最低入学标准。

---

[1] 恩吉亚. 肯尼亚教师专业发展：现状、挑战及政策走向 [J]. 比较教育学报，2020（4）：117.

（二）提升教师资源的有效利用率

肯尼亚重视解决教师资源使用过程中的不公平问题。目前，肯尼亚教育部协同基础教育理事会和教师服务委员会重新审查基础教育领域教师编制标准，制定教师分配的政策框架，以缩小教师分布的地域差距，使各郡达到 1∶50 的师生比。

（三）增强教师的专业发展能力

为提升教师教学能力，肯尼亚政府与教师服务委员会合作开展"教师专业发展项目"，推广校本教师专业发展支持系统，并在每个郡建立教师支持和专业发展资源中心。一些具体的教师专业发展提升策略也被提上日程，这些策略包括：建立学校和学区层面的教师专业学习团体，如教师研究小组、教师课程学习组等；建立和完善教师支持和专业发展资源中心；在每个学区建立教师咨询中心；对教师专业发展工作人员开展信息通信技术方面的培训；依据肯尼亚教学专业标准，对所有教师进行专业发展培训；开发各级教师专业发展模式和支持教师改进教学方法，使之与能力本位课程改革保持一致；建立和升级各级教师专业发展服务数据库。

（四）完善教师教育领域治理和问责机制

教师管理和问责是提高教师道德水平和教学水平的重要途径。面对教师腐败、懈怠等问题，肯尼亚已经建立教师绩效考核与发展系统。但追究教师责任，还需更有针对性的指导方针，将教师专业发展与可预测的教师表现联系起来。同时，肯尼亚政府也在通过以下措施加快整改：在所有公立教育机构中推行教师绩效考核与发展系统；修订各级各类教育政策框架，使之与教师绩效考核与发展系统相匹配；建立绩效考核与发展系统网站，以便查阅和分析各级教师的绩效数据；对 50 名教育工作人员进行数据分析和报告撰写方面的能力培训；及时评估系统的使用效果。

第十章 教育政策

教育政策事关教育改革与发展的质量。本章选取肯尼亚近五年来的重要教育政策规划，通过分析解读规划内容，探讨肯尼亚教育的发展方向。

第一节 政策与规划

一、《国家教育部门战略规划（2018—2022 年）》

《国家教育部门战略规划（2018—2022 年）》是肯尼亚继《国家教育部门战略规划（2013—2017 年）》之后，在现行国家计划体系内实施的第四个中长期教育规划，旨在通过五年规划发展教育事业，服务国家的经济社会发展。

（一）战略目标

《国家教育部门战略规划（2018—2022 年）》是一项全面的、多部门广泛参与的规划，该文件阐明了肯尼亚规划时期内教育部门的政策重点、指标和实施策略，旨在实现肯尼亚教育、培训和研究方面的四个重要战略目标，即扩大教育机会和提升教育公平性，提供能力本位的教育、培训和研究，加强管理和问责机制建设，提高教育、培训和劳动力市场研究方面的科学、技术和创新能力并加强其相关性。

（二）核心内容

该战略规划涵盖学前教育、小学教育、中等教育、成人与继续教育、特殊教育、教师教育、职业教育、高等教育、科学技术与创新、岗位培训与技能发展 10 个方面，分别从教育机会和教育公平、教育质量及相关性、教育管理和问责三个维度设定五年规划总体目标和具体指标，并制定具体实施策略或项目。表 10.1 是该规划所涉及的 10 个方面的五年发展指标，可视作规划的核心内容。[1]

表 10.1《国家教育部门战略规划（2018—2022 年）》中的五年发展指标 [2]

所涉及方面	五年发展指标
学前教育	到 2022 年，将毛入学率由 76.6% 提高到 83%。
	保障学前教育毕业生 100% 升入小学。
	到 2020 年，确保所有学前教育机构使用能力本位的课程体系。
	在 2022 年，建成多方治理、协调合作的学前教育服务体系。
小学教育	将净入学率由 91.2% 提高到 93.1%。
	将特殊儿童入学率由 1% 提升到 5%。
	提高偏远地区、弱势群体、冲突地区的儿童入学率。

---

[1] 资料来源于肯尼亚教育部官网。

[2] 表格中各指标所属方面依据原文件摘录，和本书各章节所包含内容略有出入。

续表

所涉及方面	五年发展指标
小学教育	改善入学和毕业阶段的性别不平等问题。
	改善学习成果。
	提升领导者的管理能力。
	通过扫盲增强民族凝聚力和肯定民族价值。
中等教育	将毛入学率由 70.3% 提高到 83%。
	确保小学教育毕业生 100% 升入中学。
	改善性别不平等、城乡和区域不平等问题，关注特殊青少年教育问题。
	通过能力本位教育改善学习成果。
	提升领导者的管理能力。
成人教育	将入学率提高到 10%。
	制定质量保障和学习标准。
	提升成人教育机构的管理能力。
特殊教育	提高特殊儿童与青少年的小学、中等教育入学率。
	调整课程和学习材料。
	加强特殊教育领域的合作意识。
教师教育	培养具备实施全面素质教育所需技能的教师。
	将教师教育与以能力为本的教育相结合。
	优化生师比至 40∶1。
	每年新增 1.33 万名教师，解决公立小学教师紧缺问题。
	每年新增 1.27 万名教师，解决公立中学教师紧缺和分配不均的问题。
	缩小教师分布的地区差异，确保各郡生师比达到 50∶1。
	到 2020 年，完成《教师专业发展标准》的制定工作。
	到 2020 年，制定并实施《教师教育治理和问责标准》。
	制定并实施《教师绩效考核标准》。

续表

所涉及方面	五年发展指标
职业教育	到 2022 年，将入学率从 4.46‰人提高到 7.80‰。
	到 2022 年，将性别发展指数提高到 1，提高特殊学生比例至 20%。
	为学员提供职业技能方面的培训。
	加强领导者和管理者的管理能力。
高等教育	将毛入学率由 15% 提高到 25%。
	将性别发展指数由 0.7 提高到 0.9。
	将公立大学生师比由 36∶1 降低到 29∶1。
	提升高等教育机构的管理能力。
科学技术与创新	将全国科研人员比例增加至 5%。
	加强基础设施建设工作，支持各项目发展。
	加强科学技术能力、创新治理和管理能力。
岗位培训与技能发展	建立有效的劳动力市场分配制度，使之与行业技术培训相关联。
	建立相应的管理体制。

二、《职业教育局战略规划（2018—2022 年）》

自 2000 年以来，肯尼亚意识到职业教育在经济增长和国家发展方面发挥着重要作用。为促进经济社会发展和实现肯尼亚《2030 年愿景》中的目标，肯尼亚将职业教育列为优先发展领域之一。2014 年，肯尼亚职业教育局成立。成立之初，该部门以一份战略草案协调和指导全国的职业教育发展工作，尽管肯尼亚职业教育在入学率、保留率、性别平等、教育质量等方面均有进步，但其发展仍面临严峻挑战。为此，《职业教育局战略规划（2018—2022 年）》应运而生。

《职业教育局战略规划（2018—2022 年）》是肯尼亚职业教育局指导国家职业教育改革与发展的纲领性文件，该文件是在全面分析职业教育发展现状和内外部环境的基础上制定的，是《国家教育部门战略规划（2018—2022 年）》在职业教育领域的具体呈现。该战略规划明确了肯尼亚职业教育发展的目标和价值观，并确定五年周期内职业教育应重点关注的领域。

（一）目标与价值观

通过注册、许可、认证教育机构、教育项目和培训师等方式，监管、协调、促进和发展肯尼亚职业教育，建立起世界水平的、可协调的、可持续发展的、积极响应劳动力市场的国家职业教育与培训系统，为可持续的经济、社会和环境发展提供高质量的、有能力的劳动力资源。肯尼亚职业教育发展的核心价值观是完整性、职业化、责任、公众参与、团队合作、效率。

（二）核心内容

该战略规划以《技术和职业教育与培训法》为指导，重点关注四个方面。

第一，质量及相关性。制定、实施并完善《国家职业教育质量保障参考标准》，建设国家职业教育质量保障体系；统筹制定全面的职业教育标准，贯彻落实肯尼亚能力本位教育与培训指导原则；提高劳动力市场和利益相关方的参与度；与各职业教育院校及培训机构一起，提升职业教育的参与度。

第二，公平与平等。加强对职业教育的宣传和品牌重塑工作；促进性别平等和机会均等；增加职业教育入学机会；借鉴国际上关于促进职业教育公平与平等的实践案例；制定和实施职业教育政策、行动计划等；促进国际合作。

第三，治理与管理。提升和加强职业教育局的人力资源组织能力；鼓励在信息传递和常规工作上应用信息通信技术；进行职业教育立法和治理改革。

第四，经费与财政。保障职业教育局经费可持续性；为职业教育的研究、发展、创新项目、品牌重塑行动调动财政资源；加强与政府、工业、发展伙伴等的合作；在经费筹措方面，加强与各国政府的合作；加强职业教育局财政系统建设。

为实现以上目标，该战略规划对各领域具体目标的实施方法（即主要行动或项目）、实施结果、中期考核指标、责任主体等做出了明确规划和说明。

三、《基础教育课程纲要》

《基础教育课程纲要》与《肯尼亚宪法》《2030 年愿景》等国家文件保持着高度的一致性，是肯尼亚国家课程改革的根本性指导政策，旨在为肯尼亚学前教育、小学教育、中等教育和特殊教育的改革提供参照标准。同时，制定和落实《课程纲要》也是肯尼亚参与东非教育一体化进程的重要举措。《课程纲要》概述了国家课程改革的总任务、实施重点、组织机构、基础教育核心素养、课程方法、一般性学习成果、学习内容、实施策略、适切的教学方法、评价方式等事关改革成功的重要内容。

（一）目标与价值观

肯尼亚政府于 2014 年课程改革启动之时着手准备《课程纲要》，它是肯尼亚基础教育课程改革的纲领性文件，确立了肯尼亚基础教育课程改革的目标，即为培养合格公民提供具有国际可比性的高质量教育。《课程纲要》将肯尼亚基础教育课程改革价值观表述为："坚持以《肯尼亚宪法》中对国民价值观的表述——'责任、尊重、卓越、关心和同情、理解和宽容、诚实守信、信任和品德'为中心，将改革重点确定为增强学生的七项核心竞争力，即交流与合作、自我效能、批判性思维与问题解决能力、创造力与想象力、公民意识、数字素养、学会学习的能力。"

（二）核心内容

《课程纲要》规定，基础教育课程改革从学前教育、小学教育、中学教育三个学段一贯制推进，该文件对各学段的预期学习成效、课程结构与内容、课程标准、学时、考核与评价方式、教师能力建设等内容做出详细阐述，重中之重的内容是各学段课程结构与内容，详见表10.2。[1]

表 10.2 肯尼亚《课程纲要》中的课程结构与内容规定

学段	必修课程	选修课程
学前教育	语言、数学、环境、心理运动与创意、宗教道德。	无。
初级小学	读写，斯瓦希里语（或针对聋哑学生的肯尼亚手语），英语，土著语言，数学，环境（科学、社会、农业活动），卫生及营养，宗教教育，运动及创意（美术、手工艺、音乐、体育）。	无。

---

[1] 根据肯尼亚历年《基础教育课程纲要》整理。

学段	必修课程	选修课程
高级小学	英语，斯瓦希里语（或针对聋哑学生的肯尼亚手语），家政，农业，科学和技术，数学，宗教教育，道德和生活技能教育，创造力艺术（美术、手工艺、音乐），体育与健康教育，社会科学（公民、地理、历史）。	外语（德语、法语、中文、阿拉伯语）。
初中教育	英语，斯瓦希里语（或针对聋哑学生的肯尼亚手语），数学，综合科学，健康教育，职业前教育，社会科学，宗教教育（三选一：基督教、伊斯兰教、印度教），商业研究，农业，生活技能教育，体育与健康教育。	选1—2门：视觉艺术，表演艺术，家政，计算机科学，外语（德语、法语、中文、阿拉伯语），肯尼亚手语，土著语言。

为保障各学段课程改革内容的顺利实施，《课程纲要》提出，课程改革应坚持6项基本原则。一是机会均等原则：为学习者提供多样化的课程内容，确保学习者对自己的需求、兴趣和潜能有正确的认知，人人能够享有平等的教育机会。二是卓越品质原则：充分挖掘学习者的天赋和潜能，重视培养追求卓越品质的竞争能力，而非单纯的考试成绩竞争能力。三是多样性与包容性原则：营造包容性的学习环境，引导学习者理解和认同肯尼亚种族、民族、语言、文化和宗教；引导学习者对自己的学习需求和能力有正确、客观的认识；确保学习机构满足学习者的需求。四是差异化课程与学习原则：在多样性与包容性原则的基础上，确保课程内容及其实施方式适用于每个学习者，并为教师调整课程提供一定的自主空间。五是赋权家长和家长参与原则：促进家校沟通协作，让家长有能力并切实参与到子女基础教育活动中。六是社区服务学习原则：兼顾学生的学习和社区实际需要，让学生参与社区服务，其学习内容与人类发展、安全、教育和环境需求相关，具体由社区伙伴和服务接受者共同决定，学生将社区服务的经验带回课堂以加强学习，通过实践促进理论学习，提高自身的社会技能、分析能力、公民和道德责任感等，促进职业发展。

《课程纲要》是目前肯尼亚基础教育改革的指导性文件，为肯尼亚基础教育从知识本位课程体系向能力本位课程体系的转变提供了课程开发依据，也为基础教育各学段的发展指明了方向。

四、《大学教育战略规划（2019—2023 年）》

《大学教育战略规划（2019—2023 年）》是指导全国高等教育发展的最新战略规划，由肯尼亚大学教育委员会在总结分析《大学教育战略规划（2014—2018 年）》实施周期内的成就和问题的基础上制定。

（一）目标与价值观

《大学教育战略规划（2019—2023 年）》是近五年肯尼亚高等教育发展的纲领性文件，它通过监管和提供政策依据，促使肯尼亚高校树立提供具有全球竞争力的优质大学教育的目标。为实现该目标，该战略提出大学教育发展的核心价值观是"专业化、包容性、问责制、平等性、合作和响应性"。

（二）核心内容

该战略主要内容包括两部分：第一部分是对 2014—2018 年肯尼亚高等教育在 9 个领域的发展情况进行总结；第二部分是对 2019—2023 年肯尼亚高等教育的发展规划，主要涉及四大领域，是该战略的核心内容，详见表 10.3。[1]

---

[1] 根据肯尼亚《大学教育战略规划（2019—2023 年）》整理。

表10.3《大学教育战略规划（2019—2023年）》核心内容

重构高等教育质量保障程序	加强认证制度。
	认证大学。
	认证大学专业。
	批准院校合作。
	加强建设同行评议制度。
	加强高校内部质量监管工作。
提供证据本位的政策咨询服务	监测和评估大学教育战略与国家议程的一致性。
	鼓励大学的高质量研究。
	提升大学的知识生产能力。
高校能力建设	促进高校信息通信技术制度化建设。
	提升高校人力资源管理能力。
	加强资源流动性和财政管理。
	加强高校的规划能力。
企业化定位	加强高校的优势学科能力建设。
	建立战略伙伴关系。
	提升高校形象。

第二节 实施与挑战

肯尼亚的教育政策规划是国家教育发展的指导性文件，是政府在积极研判教育发展国内外环境与需求的基础上制定的。本节重点分析肯尼亚教育政策规划在实施过程中面临的问题和积累的经验。

一、现状与问题

（一）经费支出不足，资源供给不佳

一方面，尽管近五年各项战略规划的落实工作取得了一定的成效，但目前教育经费支出十分有限，且分配不均，不能同时满足各教育战略及其实施计划的协同推进。

另一方面，随着各战略规划的落实，各学段教育机构数量和入学人数激增，教学基础设施严重不足，基础设施扩建和修缮工程因经费缺乏无法迅速展开，基础教育课程改革的教材、高等教育和科研发展所需的实验室、职业院校所需要的实践教学设备和场所均未得到落实；教师储备量也远远跟不上学生扩招速度。尽管各项政策规划均在不同程度上响应国家号召，提出信息通信技术建设方面的目标，但建设所需的一系列设备和供给设施并没有及时到位或更新，例如，大规模教学同时进行或科学实验同时开展时，国家电力供应不稳定问题严重，无法保障信息通信技术建设，无法保障教学和科研活动的有序开展。

（二）政策关联性不足，协同发展效果不佳

教育体系是一个极其复杂的系统，涉及各级各类教育和各利益相关方，保障教育发展的协调性和一致性十分必要。尽管肯尼亚各项教育战略规划均强调自身发展与社会发展领域、政府部门的合作，强调建立战略伙伴关系，保持战略规划内容的协同性，然而在具体实施过程中，政策关联性不足、协同发展效果不佳的问题十分突出。

一方面，关联性和衔接性问题已是各战略规划中明确提及要解决的问题，但现实往往不尽如人意。例如，《国家教育部门战略规划（2018—2023

年）》多次提及使用《课程纲要》，实施能力本位的课程体系，但是学前教育、小学教育和中等教育的教育管理者和教师多在宣布实施该规划后的几个月甚至一年后才能拿到相应的课程标准和新教材，这一情况在偏远地区、干旱半干旱地区学校尤为严重。再如，肯尼亚课程开发研究院虽然在其网站上公布了各学段的《课程标准》，却忽略了许多学校、教师、学生、家长根本没有硬件设备在网上阅览《课程标准》的现实情况。另一方面，现有的各种合作关系多是形式主义的，并没有实质内容，且合作多缺乏关联性，许多战略内容及其指标本身就是自相矛盾的。例如，肯尼亚国家统计局在教育领域的统计工作时效性极差，经常出现各数据不一致或无从查找数据来源的情况。

（三）发展目标带有冒进性

肯尼亚通过五年战略规划指导国家教育事业发展是正确的举措，但是肯尼亚的政策制定者却对教育发展期望过高，导致指标设定过高。表 10.4 是 2017—2020 年肯尼亚教育领域部分关键指标及其实际完成情况。不难发现，各关键指标几乎都没有完成。[1] 与之类似，《国家教育部门战略规划（2018—2022 年）》设定的 319 项规划指标中，有一半以上都没有实现，教育部统计报告指出未完成的主要原因有三：一是经费不足或未到账，二是相关项目受新冠肺炎疫情影响未能顺利开展，三是项目延期实施（根本原因仍是经费不足）。

---

[1] 资料来源于肯尼亚教育部官网。

表 10.4 2017—2020 年部分教育关键指标及其完成情况

关键指标	规划指标			完成指标		
财年	2017—2018	2018—2019	2019—2020	2017—2018	2018—2019	2019—2020
学前教育毛入学率	—	76%	77%	—	77%	78%
小学录取人数	9 200 000	899 668	9 000 000	8 896 932	8 959 719	8 488 274
高校录取人数	547 133	475 750	547 005	465 468	542 005	547 133
完善公立小学基础设施数 / 个	271	500	400	279	307	211
卫生基础设施增设数 / 间	—	20	15	11	20	11
信息通信技术政策制定进度 / 百分比	—	80	100	—	40	80
数学、科学教师培训数 / 人	6 400	6 400	6 449	1 335	0	1 458
新增中学教室数 / 间	1 734	1 041	1 155	2 998	1 140	342
认证职业学校数 / 所	410	420	500	423	434	305
认证职业教育教师数 / 人	—	2 700	2 500	—	1 178	1 829

二、经验与启示

（一）优先保障部分教育发展战略经费

经过近 20 年的经验累积，肯尼亚坚持全面规划教育事业发展，制定详细的五年发展指标。面对国家经济发展水平限制教育经费进一步增长的难题，肯尼亚采取优先保障部分教育发展战略经费的方法，推进规划指标的完成进度。例如，在2018—2022年规划周期中，教育部决定优先保障"贫困生免费中学计划""特殊教育充值计划""学生贷款项目""有条件助学金项目"的经费和国家考试、职业教育、大学教育方面的经费。在此基础上，优先支持科研创新以及正在进行的教育改革。肯尼亚政府强调，及时下拨教育经费，以保障优先发展计划、项目等的按期实施。

（二）及时研判，适时调整教育发展内容

新冠肺炎疫情暴发，严重影响全球经济社会发展，教育发展受到极大冲击，肯尼亚也难以幸免。突发公共卫生事件对教育教学环境、教学方法、教学媒介的影响极大，教育理念和教育改革举措均需及时调整以应对社会发展的需求。肯尼亚在《教育部门发展报告（2021—2022财年至2023—2024财年）》中提出两项应对教育环境变化的建议。一是增加应对新冠肺炎疫情的物资，如在学校中投放消毒用品，在学校增设洗手设备；编制疫情防控知识和卫生健康的宣传手册，加大教育宣传力度；积极开发在线课程等学习资源，应对疫情环境下无法开展大规模线下教学活动的情况。二是根据对肯尼亚气候变化的长期研判，转移受气候影响地区的学校和学生，做好安置工作，这一建议主要来源于对游牧群体和干旱半干旱地区学生发展需求的经验总结。为此，肯尼亚教育部建议相关部门和地区制定临时安置办法或新建学校。

第十一章 教育行政

肯尼亚施行中央统一领导、地方分权管理的教育行政管理体系。中央教育行政机构主要为教育部，负责统筹、规划、协调和管理全国的教育事业；地方教育行政为每个郡所设的教育局（共 47 个），配合教育部，统筹、规划、协调和管理本郡的教育事业。

第一节　中央教育行政

一、行政管理机构

肯尼亚中央政府中负责教育行政管理的有三个部委和多个半自治性质机构：教育部，负责各级各类教育工作；肯尼亚教育委员会，负责组织、协调国家执行委员会和教育部开展的教育咨询和教育方针制定工作；肯尼亚大学教育委员会，负责高等教育工作；半自治性质的政府机构大多负责特定领域的工作。

（一）教育部及其直属部门

教育部是肯尼亚教育发展的最高执行机构，与国家教育委员会紧密联系，统辖各郡教育委员会和各级教育部门。教育部的主要职责包括：制定教育政策、教育标准和规章制度，管理各级各类教育（包括学前教育、小学教育、中等教育、高等教育、特殊教育、职业教育、成人教育、教师教育），管理国家考试和学位认证工作，管理各级各类教育机构，开展各级各类教育质量保障工作，开发课程，制定科技创新政策，制定教育发展战略规划和编制《基础教育年度报告》。

目前，肯尼亚教育部重点关注以下四个领域。第一，保证全部儿童享有免费接受义务基础教育的权利。第二，帮助有学习障碍的弱势群体融入社会，提供手语、盲文或其他交流方式的教育与培训，提升基础设施的便利性，减少因身体残疾而带来的学习不便情况。第三，提升青年接受教育和培训的意识，为其创造更多就业机会，提升边缘群体的社会治理参与度。第四，保障民族部落和边缘化群体获得生活保障、医疗服务、基础设施的权利，促进性别平等和教育公平。教育部下设四个部门，其组织架构如图 11.1 所示。

1．学前与基础教育部

学前与基础教育部统管肯尼亚的基础教育工作，负责制定部门发展战略，指导直属部门提升教育质量。学前与基础教育部下共设有 7 个直属部门，各部门主要职责如下。

基础教育理事会，负责制定学前教育政策和设计小学教育及教师培训项目，兼管对有特殊需要的公民所实施的教育。中等教育理事会，统筹肯尼亚的中等教育，承担中学教师的职前培训工作。成人和继续教育理事会，制定成人和继续教育计划，为辍学的儿童、少年，以及未能按时接受基础

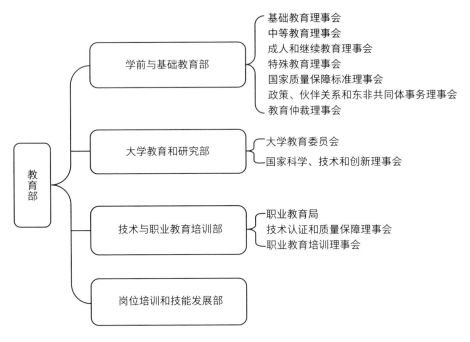

图 11.1 肯尼亚教育部组织架构

教育的 15 岁以上公民提供小学教育和技能培训。特殊教育理事会，与其他
部门合作，处理有关肯尼亚有特殊教育需求公民的教育工作。国家质量保
障标准理事会，负责制定和提升所有教育与培训机构的基本质量标准；评
估基础教育机构的质量；协调和组织开展全国和国际教育质量保障交流活
动；对有外籍教师和提供国际课程的教育机构进行认证；联合肯尼亚国家
考试委员会，评估幼儿教师、小学教师和文凭课程教师的教学实践情况，
监测和评估全国范围内的学习成果；与肯尼亚课程开发研究院合作，设计、
开发和评估课程；在各教育机构选拔教育管理人才；就国家质量保障标准
的相关问题向教育部部长质询。政策、伙伴关系和东非共同体事务理事会，
协调教育政策制定工作，加强肯尼亚与其他东非国家的伙伴关系。教育仲
裁理事会，听取和裁决因郡教育委员会决定而产生的申诉。

2．大学教育和研究部

大学教育和研究部负责协调组织肯尼亚高等教育相关工作，下设两个机构，分别负责高等教育工作和国家科研创新工作。

大学教育委员会，负责制定和审查肯尼亚高等教育政策，协调公立高校的预算制定工作，扩大受高等教育的机会；与外交部联合开展与其他国家的文化、技术和科学方面合作；协调与国内外大学教育有关的事项，管理其他国家提供的奖学金，向国内外高校以及有关的地区和国际组织赠款和提供助学金；协调管理公立高校的招生和交换生工作；联合东非大学校际理事会和非洲能力发展研究院制定和实施关于东非共同体、东非大学联合会的政策；任命教育专员。

国家科学、技术和创新理事会，制定、审查和实施国家科学、技术和创新相关政策；督促郡政府制定、实施和审查科技、创新政策的工作；确定科学技术和创新方面的人力培训要求，并提出建议；就科学技术和创新寻求国际合作，建立伙伴关系；发挥肯尼亚的科学外交能力，促进国际化发展；协调国际层面的科技计划和项目的实施工作；在中央政府和郡政府的支持指导下，推进肯尼亚产学研与科技创新的协同发展；建立肯尼亚科技创新数据统计和监测系统，并持续优化；统筹设立科学中心和科技创新博物馆；完善科技创新表彰和奖励制度；建立科学、技术和创新政策规划的评估体系。

3．技术与职业教育培训部

技术与职业教育培训部管理全国职业教育领域的相关工作。设有如下三个部门。

职业教育局，负责制定和协调实施国家职业教育政策和战略，促进高等职业教育发展，开发职业教育课程和制定课程评估政策，监督职业教育计划的实施情况，管理中等和高等职业教育机构（即理工大学、技术学院、国立理工学院和技术培训学院）。实际上该局是一个半自治的政府机构，全面监管肯尼亚的职业教育发展情况。

技术认证和质量保障理事会，负责制定和实施学分累积与转换制度；确保技术培训和产业实习的质量；开发培训课程；监测课程实施的质量；对教育机构实施元评估工作，认证技术和职业教育与培训机构。

职业教育培训理事会，负责管理和建设青年理工学院，具体职能包括：制定青年理工学院的发展政策；规划、实施和审查国家职业教育证书课程；帮助青年掌握信息技术以及职业、生活和创业技能；建设、修缮青年理工学院；通过领导力培训，使青年为国家建设做好准备；协调国内有关的青年组织，合作开展青年培训；管理职业教育工作者；负责青年理工学院的学费补贴、教师补贴等工作。

4．岗位培训和技能发展部

岗位培训和技能发展部负责编制国家劳动力技能标准，监管各专业技术理事会发展情况，制定行业企业技能发展与培训标准，协调各级培训工作，管理国家职业教育发展基金，推广学徒制政策，开发和推广毕业生市场就业数据库系统，监管企业培训、职业技能考试和技能资格证书颁发工作，认证和管理专业协会，协调劳动力市场的供需关系，鼓励自主创业和社会服务。

（二）肯尼亚教育委员会

肯尼亚教育委员会依据《基础教育法》成立，是联系肯尼亚教育部、内阁部长和郡教育委员会之间的纽带，主要提供中央政府层面的教育咨询服务，并辅助进行教育行政管理。肯尼亚教育委员会开展以下六方面的工作。一是与国家质量保障标准理事会、教师服务委员会及利益相关方合作，推动制定基础教育的相关标准。二是联合教育行政主管部门和相关机构，保障教育活动的有序开展，确保肯尼亚公民享有受教育权。三是制定基础教育办学指导方针，供内阁部长审议。四是制定教育政策，提升中小学入学率，实现基础教育战略目标。五是就改善弱势群体和边缘群体儿童受教育现状，提出可行性政策。六是响应国家要求，完成内阁部长指派的其他教育工作。

（三）肯尼亚大学教育委员会

2018 年，肯尼亚大学教育委员会依据《大学法》成立，接管原高等教育委员会工作，管理肯尼亚全国高等教育。肯尼亚大学教育委员会通过制定标准和指导方针，监督肯尼亚大学的发展情况，促进大学教育的高质量发展，提升肯尼亚高等教育的全球竞争力。

大学教育委员会监管肯尼亚大学的成立和规模扩张工作，并就建立公立高校向肯尼亚政府提供建议；认证和审查私立高校；规划和协调中学后教育机构提供的教育和培训课程。截至 2021 年 12 月，大学教育委员会已经认证、批准了肯尼亚私立高校的 82 个学位课程、46 个大学间的合作项目，并认证了中学后教育机构的 105 个学位课程。[1]

（四）半自治政府机构

肯尼亚教育行政体系中还包括一些半自治的政府机构，负责管理国家教

---

[1] 资料来源于肯尼亚大学教育委员会官网。

育和培训有关工作。肯尼亚的半自治政府机构共有 29 个，其中，对肯尼亚教育事业发展至关重要、影响力较大的有如下六个。[1] 第一个是国家教师服务委员会，主要负责教师管理、招聘、职称、福利待遇、退休等事务。第二个是肯尼亚国家资格认证局，主要职责是与国家各级各类专业机构协同建设国家资格证书体系，建立国家资格证书数据库，以提升国家教育的国际互通性。第三个是肯尼亚课程开发研究院，主要负责开发各级各类教育的课程，研发教材、教辅资料。第四个是肯尼亚教育管理研究院，主要负责各教育部门的行政能力建设和组织发展工作。第五个是肯尼亚国家考试委员会，主要负责肯尼亚的各级各类考试工作。第六个是高等教育贷款委员会，主要负责高等教育领域贷款、奖学金、助学金相关工作。

此外，半自治政府机构还有乔莫·肯雅塔基金会，肯尼亚文学局，肯尼亚特殊教育学院，非洲数学、科学和技术中心等，每个机构都有其特定的职能。

二、革新主张与实践

（一）推进教育管理信息化建设

2018 年，教育部全面启动建设国家教育管理信息系统的工作，旨在为各级各类教育提供及时、可靠和可信的教育数据和信息。国家教育管理信息系统作为教育改革的重要媒介和支柱，在教育监测和评估、质量保证、预算编制、资源分配、政策规划和决策等方面将发挥积极作用。教育部设想通过该信息系统提升教育治理效果和问责水平。例如，通过建设国家教

---

[1] Education Sector Working Group. Education sector report: medium term expenditure framework 2021/22-2023/24[R]. Nairobi: Ministry of Education, 2020: 6.

育管理信息系统，使肯尼亚教育部能够有效和透明地将资源分配给学生，提升资源分配的公平性和效率；在未来，为每个肯尼亚学生生成唯一的六位数个人标码，也为各学校生成唯一的学校代码。截至 2022 年 3 月，肯尼亚的国家教育管理信息系统仍在建设中。

（二）加强人力资源开发与管理

人力资本是一个国家或组织发展所需的最关键资源之一。面对肯尼亚教育事业发展中教师资源分布不均、区域差异和性别差异显著、教育管理者工作效率和教育机构运转效率低下、工作人员责任意识不强等问题，肯尼亚教育部大力开发人力资源，加强人力资源管理。

在人力资源开发方面，教育部通过建立相关机构、提供相关学习项目，提升教师和科研人员的专业能力和技术技能；加强教育、培训和研究方面的社会保障措施；对相近领域的教师进行标准化培训；关注特殊教育教师发展情况，使之能够应对特殊儿童群体教育问题；重塑教师教育和在职培训品牌，制定教师培训发展和创新方面的标准；建立教师教育的研究机构；为培训者和受训者提供课程方案和实习方案，并保证国家实习政策的一致性。

在人力资源管理方面，为开发和加强教育部门和教育管理者的管理能力，教育部在《国家教育部门战略规划（2018—2022 年）》中提出，制定针对教育部各级管理人员的资格和能力评价标准、教师职业标准、教师资格标准等，使教育机构和政府对教师和教育机构的管理有章可循，并以此扩大教育工作者职业发展和晋升的机会；实施绩效和问责制，明确职业晋升和从业资格制度，建立绩效考核与发展系统，提升教育管理者、教师和科研人员的质量。

（三）实施教育融资方案

有效利用教育财政拨款是实现教育目标的基础和重要保障，肯尼亚政府通过资源利用最大化，为各年龄阶段的公民提供可获得的、包容的、高质量的教育和培训。但当前肯尼亚教育财政系统存在一系列问题，主要体现为：教育、培训和研究经费需求较高；教育经费拨款方式过于单一，缺少关于教育经费使用情况的审计制度；特殊需求学习者的教育和培训成本较高；教育财务管理系统薄弱；可支配教育经费灵活性不足，流动困难。这些问题严重影响着各级各类教育规划的有效实施，阻碍着教育目标的实现。

为解决以上问题，2012年，肯尼亚教育部实施教育融资方案，借以增强教育的可负担性：基于需求分配资源，按人数拨款；资源利用最大化；建立教育合作伙伴关系；实行严格的问责制度；以高度协调性等为原则，支持教育部门自主拓宽经费渠道，筹措教育发展经费。表11.1是融资方案实施以来，肯尼亚教育经费来源及教育经费占国内生产总值比重情况。[1]肯尼亚教育经费占国内生产总值的百分比呈现逐年下降的趋势，从长远来看，这会阻碍教育发展。

表11.1 2013—2017年肯尼亚教育经费来源及教育经费
占国内生产总值比重

财年	2013—2014	2014—2015	2015—2016	2016—2017
中央政府 / 十亿肯先令	264.9	290.7	307.7	339.1
家庭 / 十亿肯先令	196.4	214	230.4	245.9

---

[1] 根据肯尼亚历年《教育部门年度报告》整理。

财年	2013—2014	2014—2015	2015—2016	2016—2017
郡政府 / 十亿肯先令	1.2	20	21.7	24.6
教育创收 / 十亿肯先令	16.6	17.2	17.9	18.6
社区发展基金 / 十亿肯先令	5.6	5.9	6.1	6.3
非政府组织和宗教团体 / 十亿肯先令	3.5	3.7	3.8	4
私营企业 / 十亿肯先令	0.1	0.1	0.1	0.1
外来贷款和援助款 / 十亿肯先令	1.5	1.5	1.5	3
教育资金合计 / 十亿肯先令	489.8	553.1	589.2	641.6
教育经费 占国内生产总值比重	10.3%	10.2%	9.4%	8.9%

为进一步优化教育融资方案，肯尼亚政府积极扩充可用资源，健全教育、培训和研究的财务管理制度。具体策略包括：建立安全和可持续的教育经费筹资机制；在各级教育中推行有区别的单位成本分担模式；强化教育部门筹资方面的公私伙伴关系；加大对教育领域信息通信技术整合工作的资助力度；提高机构管理人员的财务管理能力；完善教育部门的财务管理制度；提升相关专业设备和教学材料的生产能力；做好贷款、赠款、奖学金和助学金发放工作；升级教育部门的公共支出追踪系统；加强区域和国际合作，增加对教育部门的投资。

第二节 地方教育行政

一、行政管理机构

（一）郡教育委员会

《基础教育法》规定，郡教育委员会是国家教育委员会在地方的代表，郡教育委员会与郡政府协商，监督各郡青年理工学院和各种学前教育机构的发展情况；代表中央政府和郡政府协调和监督郡内的教育与培训工作；根据郡内需求调整国家教育政策，并提出政策改革建议；根据《基础教育法》、国家教育政策和郡政府的相关制度，规划和协调郡内的教育、培训和科学研究工作；与相关部门、校长合作，管理各郡的中小学校；建立郡内教育与培训机构数据库；监测本郡基础教育的课程实施情况；与肯尼亚国家考试委员会合作，监测郡内基础教育阶段的考试成绩；与国家教师服务委员会合作，管理郡内教师；编写学校教育年度报告；与相关机构协调，保障郡内民众的教育权利，确保郡内教育均衡发展；采取措施确保郡内所有儿童和适龄青年完成基础教育。此外，积极履行肯尼亚相关法律所规定的郡教育委员会其他职能。

为有效履行各项职能，郡教育委员会可适当设立下属委员会。郡教育委员会应从其成员中任命下属委员会主席。同时，郡教育委员会可在其认为合适的情况下，邀请人员参加下属委员会的审议工作。

（二）郡教育局

在肯尼亚的地方教育行政管理体系中，郡教育局的作用包括为基础教育和培训机构提供必要的基础设施，推动开展学前教育，设立儿童托管机构、青年理工学院。《肯尼亚宪法》规定，肯尼亚中央政府应在与郡政府达成一致的前提下，将与小学和中学基础设施有关的职权移交给郡政府，肯尼亚中央政府应当向各郡政府进行有条件的教育拨款，以避免移交后产生其他责任问题。

郡教育局负责制定和执行本郡的教育政策；监督本郡的教育官员；管理基础教育、成人教育、非正规教育、特殊教育、高等教育等各类教育；配合肯尼亚国家考试委员会组织国家考试；保障本郡的教育质量；管理和监督教育项目的实施情况；为郡政府建立和认证教育机构提供建议和便利条件；管理郡一级的教育管理信息系统和与之相关的信息通信技术设施；审计本郡所有基础教育机构；协助郡教育委员会组建学校管理委员和家长协会；对各级各类教师和教育管理者进行能力建设和发展培训；加强校风、校纪建设；与教师服务委员会协商，监督教育机构的移交和接管工作；监督学校资产的管理、维护和报废工作；监测和评估教育规划；管理郡内基础教育机构的课外活动、体育教育等工作；加强郡内教育机构与合作伙伴的关系；完成内阁部长指派的其他教育相关工作。

二、革新主张与实践

2018 年，《国家教育部门战略规划（2018—2022 年）》发布。郡教育局在教育部的领导和支持下，将在 2018—2022 年积极推进以下工作。

第一，在教育管理方面，在教育部指导下，审查教育局自身和本郡学前教育机构、公私立中小学、小学教师培训学院、中学教师培训学院，对相关人员开展教育管理的能力培训，介绍教师绩效考核与发展系统，宣传教育问责制。

第二，在扩大学校规模方面，联合社区、私人部门、家长，对学前教育机构进行评估；制定预算，建立和修缮学前教育机构；对幼儿园教师进行培训；组织小学教育和中等教育阶段教师参加培训，向教师介绍《课程纲要》，学习讨论并加以实施。

第三，在教育经费方面，积极建立外部合作伙伴关系，鼓励民众参与成人教育中心的培训；增加就业机会。

第四，为处境不利地区、干旱半干旱地区、贫困地区的儿童和有特殊教育需求的儿童制定教育计划，使他们能够进入学校学习。

第十二章 中肯教育交流

第一节 交流历史

中国与肯尼亚的交流与合作是在中非关系的大框架下进行的，总的来说，可以分为建交前和建交后两个历史时期。

一、建交前的中肯关系

15 世纪，明成祖派郑和率领规模庞大的船队多次远航。郑和带领的船队抵达东印度洋沿岸，这是中国人首次到访东非。据史料记载，郑和到达今天肯尼亚的马林迪、蒙巴萨、拉穆等地。[1] 此后，中国与马林迪商船贸易往来日益频繁，海上丝绸之路由此开辟。《明史·外国传七》中记载："麻林，去中国绝远。永乐十三年遣使贡麒麟。"[2] 其中，麻林即今天的肯尼亚马林迪，由此可见，中国与肯尼亚的正式往来可追溯至 1415 年（即永乐十三年）。

不同于以往带来奴隶贸易和殖民侵略的外来船队，随郑和船队出访的明朝使臣与东非当地民众建立了和平相处、友好交流的中非交往关系。

---

[1] 何芳川，艾周昌，陆庭恩，等. 非洲通史 [M]. 上海：华东师范大学出版社，1995：364.

[2] 张廷玉，徐元文. 明史·列传卷 326-329[M]. 武汉：湖北崇文书局，1877：17.

二、建交后的中肯关系

随着中华人民共和国的成立和肯尼亚的独立，中肯文化交流开始在新的时代背景下建立起来，一种相互尊重、平等相待、互利合作的新型交往模式推动中肯双方在广阔领域建立了友好而持续的关系。1963 年 12 月 12 日，时任中国副总理兼外交部部长陈毅应邀前往内罗毕参加肯尼亚独立庆典。1963 年 12 月 14 日，中国与肯尼亚正式建交，两国关系发展迅速，在文化、教育、经济、社会等诸多领域的合作成果颇丰。

自 20 世纪 80 年代起，中肯在教育领域的合作不断加强。1980 年 9 月 16 日，中肯文化部部长代表本国政府在北京签署《中华人民共和国政府和肯尼亚共和国政府文化合作协定》。1981 年，中国对外文化联络委员会访团访问肯尼亚，中肯签署《中华人民共和国政府和肯尼亚共和国政府文化合作协定 1981 至 1984 年执行计划》。1982 年，中国援建肯尼亚的莫伊国际体育中心正式动工，1992 年 4 月竣工后，该中心成为中肯友谊的象征。1994 年，中肯签订《中华人民共和国和肯尼亚共和国高等教育议定书》，中国向肯尼亚埃格顿大学提供教学科研仪器，并派遣 2 名教师。[1]

进入 21 世纪以后，中肯教育交流进入深耕时代，往来频繁。2005—2015 年，肯尼亚新设 3 所孔子学院，中国派遣中文教师和志愿者在肯尼亚教中文和传播中国文化。在此过程中，中方也学习了肯尼亚文化和语言。2013 年，中国科学院中–非联合研究中心获批成立。作为中国政府在境外建设的第一个大型综合性科教机构，该中心根据非洲资源的分布特点，结合肯尼亚的科学技术发展需求，与乔莫·肯雅塔农业科技大学、内罗毕大学、马赛马拉大学、肯尼亚国家博物馆、肯尼亚野生生物管理局联合开展关于生物多样性、生态与环境保护和治理、非洲资源遥感等领域的科研合作，协助

---

[1] 中华人民共和国外交部. 中国同肯尼亚的关系 [EB/OL]. [2022-02-14]. https://www.fmprc.gov.cn/web/gjhdq_676201/gj_676203/fz_677316/1206_677946/sbgx_677950/.

肯尼亚解决国家经济社会发展所面临的重大生态、环境、资源等问题，帮助肯尼亚提升相关领域的科技水平和人才培养能力。

同时，中国还通过建立智库和媒体宣传的方式，向肯尼亚分享中国的教育发展理念和相关项目，不断增进双方了解，为加强中肯友好合作、推动构建更加紧密的中肯命运共同体做出贡献。

第二节 交流方式与内容

《中华人民共和国教育法》鼓励中国教育对外开放。秉承持续、健康、深入和全面发展的原则，在中非合作论坛与"一带一路"倡议的框架下，中肯双方教育交流与合作日趋成熟。经过多年发展，两国政府、高校等共识良多，各级各类教育单位开展了层次丰富、形式多样的双边合作，助力两国友好关系的深入发展。

一、来华留学

留学生是在华肯尼亚人的第二大群体。中肯交往中，中国大力支持肯尼亚发展教育事业，自 1982 年以来，中国每年向肯提供 10 余个政府奖学金名额，目前已有 400 余人学成返肯，在肯尼亚社会各界发挥着重要作用。2006 年 11 月，中非合作论坛北京峰会上，中国提出进一步扩大与肯尼亚在教育领域的交流合作，向肯尼亚提供更多奖学金名额。自 2013 年以来，中国驻肯尼亚大使馆通过设立大使奖学金帮助肯尼亚年轻人实现梦想。2018 年 3 月，中国驻肯尼亚大使馆通过大使奖学金项目，进一步扩大对肯尼亚来华留学生的资助规模，该奖学金项目计划在 2018—2022 年，为肯尼亚提供 100

个硕士和博士奖学金名额，结合肯尼亚国家发展需求，重点支持灌溉、粮食安全、园艺、农业和农副产品开发、农作物仓储、质量与安全监控等领域。2019 年，肯尼亚来华留学奖学金获得人数创 1982—2019 年之最，其中，中国政府奖学金获得者 182 名，大使奖学金获得者 50 名。[1]

中国政府推出的奖学金项目成为中肯文化教育交流的重要桥梁和主要抓手。肯尼亚来华留学生在华学习深造，既学习了知识，又感受了中华文化，他们中的许多人回国后在国家建设发展各领域发挥重要作用，也成为中肯教育文化交流的推动者。

此外，肯尼亚来华留学生中也有很大一部分自费生，他们为中肯教育交流的有效性和可持续性做出了巨大贡献、注入了新的活力，肯尼亚学生乐于自费前来中国留学是对中国教育和文化的极大肯定，表明中国对肯尼亚的吸引力较强。

二、孔子学院

孔子学院是中肯合作办学、增进文化教育交流的重要桥梁。截至 2020 年，肯尼亚共有内罗毕大学孔子学院、肯雅塔大学孔子学院、埃格顿大学孔子学院和莫伊大学孔子学院 4 所孔子学院。中肯孔子学院是中非交往中具有示范性的合作案例，肯尼亚的孔子学院在中文和斯瓦希里语学习，职业技术教育人才培养与培训，农业、纺织业合作科研，传统文化交流等方面，为促进中肯文明交流互鉴做出了积极贡献。

---

[1] 中华人民共和国驻肯尼亚共和国大使馆. 驻肯尼亚使馆举行 2019 年中国政府奖学金肯尼亚留学生送行会暨大使奖学金颁奖仪式 [EB/OL]. [2022-05-17]. https://www.fmprc.gov.cn/ce/ceke/chn/xw/t1692646.htm.

（一）内罗毕大学孔子学院

内罗毕大学孔子学院于 2005 年 12 月 19 日正式成立，天津师范大学是其中方合作高校。作为非洲首家孔子学院，该孔子学院以"友谊、合作、发展、共赢"为宗旨，通过中文国际教育和中国文化推介，增进中肯文化交流与合作发展。

内罗毕大学孔子学院坚持制度化管理、规范化发展的办学理念，共开设三类课程和一些特色培训课程。第一类是专科课程，学制两年，分为三级（第一学年为一级课程，第二学年第一学期开设二级课程，第二学年第二学期开设三级课程），每学期 2 学分，修满 8 学分后可获得由内罗毕大学与孔子学院联合颁发的中文专科毕业证书。第二类是本科学位课程，学制四年，培养方案有两种，一种是 3+1 模式（即在内罗毕大学孔子学院学习 3 年和在中国留学 1 年），另一种是 2+2 模式（即 2 年语言技能课程和 2 年语言学研究），修满 44 学分的毕业生可获得由内罗毕大学授予的文科学士学位。[1] 第三类是中文课程，学制一年，以学习中文技能为主，注重语言交流能力，结业考试合格后由孔子学院颁发中文课程合格证书，并有资格参加中国汉语水平考试（二级）。

除以上课程外，该孔子学院还以专题讲座为主，以文化活动为辅，面向学生、面向肯尼亚社会开展文化教育活动。内罗毕大学孔子学院与中国企业有着非常密切的联系，是肯尼亚与中国教育交流的纽带。2020 年 5 月 29 日，中国援建肯尼亚内罗毕大学孔子学院的新大楼正式交付，新大楼为师生们提供了学术交流的场所。

内罗毕大学孔子学院的中文课程已发展成为肯尼亚当地较知名的语言课程，注重综合提升听、说、读、写四种技能，帮助学习者了解中文语法

---

[1] 李佳晔. 孔子学院管理中存在的问题及对策研究 [D]. 北京：中央民族大学，2011: 30.

结构以及如何在现实生活中使用中文。2007—2011 年，内罗毕大学孔子学院连续五次被评为"优秀孔子学院"。截至 2020 年 12 月，内罗毕大学孔子学院累计注册学生超过 1.8 万名，在此体验中国文化的人数达到 9 万余人，500 多名学生凭借优秀的中文成绩获得奖学金而来华学习。[1]

（二）肯雅塔大学孔子学院

肯雅塔大学孔子学院于 2010 年 6 月 3 日正式成立，山东师范大学是其中方合作高校。它是肯尼亚的第二所孔子学院，位于距首都内罗毕约 20 千米的郊外。该孔子学院设有四种中文课程班，分别是大学一年级中文选修班，大学二年级中文选修班、中文证书班和教职工中文培训班。通过肯雅塔大学孔子学院选拔（笔试、口试、面试）的中文班学生，成绩优秀者可获得奖学金前往山东师范大学学习一年中文，学成回国后可从事中文教学工作。从肯雅塔大学孔子学院毕业的学生大多都从事与中文相关的工作，这些毕业生能达到肯尼亚市场上对中文工作的基本要求，这是对肯雅塔大学孔子学院办学质量的充分肯定。

同时，肯雅塔大学孔子学院还同周围的中小学合作，建立了小学四年级至高中三年级的中文教学点，以积极响应肯尼亚基础课程改革中增设中小学生中文选修课的要求。

（三）埃格顿大学孔子学院

埃格顿大学孔子学院于 2012 年 7 月获批成立，同年 10 月正式招生，南

---

[1] China Daily. Model Confucius Institute launched at University of Nairobi[EB/OL]. [2022-05-20]. http://ex.chinadaily.com.cn/exchange/partners/45/rss/channel/www/columns/f8gszh/stories/WS5fe14e36a31024ad0ba9d478.html.

京农业大学是其中方合作高校。作为全球首家以农业为特色的孔子学院，埃格顿大学孔子学院兼顾教授中文、传播中国文化和传授先进实用的中国农业技术的双重办学目标，助力肯尼亚农业发展。埃格顿大学孔子学院开设幼儿园、小学和大学中文教学班，其中，大学本部设有一级至六级的中文证书班，招收埃格顿大学及其他大学的在校生。

该孔子学院以发展肯尼亚农业为宗旨，积极推进农业技术技能培训和示范推广工作，开展农业科研项目。自成立以来，中肯双方以埃格顿大学孔子学院为媒介，农业合作机制日益完善，合作领域不断拓宽，合作内容日趋丰富。在人才培养方面，为帮助肯尼亚培养农业科技领军人才，中方设立奖学金项目，由埃格顿大学孔子学院负责选拔。2018—2022 年，埃格顿大学孔子学院共选送 100 名肯尼亚青年来华攻读农业领域的硕士和博士学位。[1] 在技术交流方面，中肯双方借助埃格顿大学孔子学院平台，共同举办了 24 期农业技术培训班，培养学员近千名。在基础设施和师资方面，南京农业大学向埃格顿大学孔子学院捐赠了图书、期刊和实验仪器设备，协助埃格顿大学孔子学院申请建造了办公楼，合作建设了农业示范园区，并定期向埃格顿孔子学院派遣优秀教师和管理人员，保障埃格顿大学孔子学院的高效、可持续性发展。

除以上教育教学活动外，埃格顿大学孔子学院还积极联合在肯中资企业举办中华传统节日庆祝活动，如在春节、端午节、中秋节期间慰问肯尼亚孤儿、为贫困家庭提供节日晚餐、为贫困儿童提供健康体检服务、向中小学生捐赠学习用品等，这些公益活动扩大了孔子学院的影响力，造福了肯尼亚的普通民众。

---

[1] 中国日报网. 肯尼亚总统为赴华留学生送行，刘显法大使出席仪式并致辞 [EB/OL]. [2022-05-17]. https://baijiahao.baidu.com/s?id=1594842731162260010&wfr=spider&for=pc.

（四）莫伊大学孔子学院

莫伊大学孔子学院成立于 2015 年 3 月，是全球首个以纺织工业技术和服装设计为特色的孔子学院，东华大学是其中方合作高校。学院既开展中文教学、推广中华优秀文化，也依托东华大学在纺织科学与工程学科的优势，致力于与非洲各国开展富有特色的纺织和服装高端交流活动，逐步成为中非纺织服装业界交流的国际平台。

截至 2015 年，莫伊大学已有 18 名学生经莫伊大学孔子学院的中文课程培训后，前往东华大学攻读纺织工程专业的硕士或博士学位。[1]

莫伊大学孔子学院依托东华大学纺织和服装设计的学科优势，开设相关中文课程和文化讲座，面向肯尼亚西部地区招生，致力于为肯尼亚培养具有中文语言能力、纺织服装设计和贸易能力的专业人才。同时，与肯雅塔大学孔子学院一样，莫伊大学孔子学院也协同当地中小学开展中文教学，积极参与国家基础教育课程改革。莫伊大学孔子学院自成立以来，在传播中国传统服饰文化、推广中国纺织工程技术和服装设计艺术、促进肯尼亚本土纺织工业发展方面发挥了重要作用。

三、职业教育与技术培训

2012 年 5 月 31 日，上海理工大学与内罗毕大学、马辛德穆里诺理工大学等签署合作谅解备忘录，以期在未来开展教师和学生交换、合作研究等活动。在此协定下，每年有 300 多名肯尼亚学生到中国大学深造，截至 2012 年，已经有 1 200 多名肯尼亚人在中国接受了农业、水电、教育、金融

---

[1] 资料来源于莫伊大学孔子学院官网。

等方面的专业技术培训。中国政府与肯尼亚政府不断扩大职业教育合作和长期、短期的技术培训活动，响应"一带一路"倡议，积极探究职业教育的国际合作模式。[1]

（一）蒙内铁路运营技术培训

2016 年 8 月 8 日，蒙内铁路第一期铁路运营技术培训班毕业典礼在内罗毕铁路培训学校举行。蒙内铁路运营技术培训是中肯第一个较长期的交通职业技术培训合作。第一期培训班旨在为蒙内铁路培训肯尼亚本土员工，培训工作由中国路桥工程有限责任公司、西南交通大学、湖南铁路科技职业技术学院、肯尼亚铁路培训学院联合开展，为期 4 个月，设有运输、机车和通信 3 个专业，共招收了 102 名当地学员。其中，8 名肯尼亚女学生来华接受了严格的中国交通系统培训，成为肯尼亚第一批铁路女司机，担任蒙内铁路线驾驶工作，成为蒙内铁路线上一道亮丽风景线。[2]中国政府通过援助肯方开展铁路人力资源培训的方式，帮助肯尼亚掌握相关专业技术知识，提升自主发展水平，受到了肯方的高度好评。

（二）中肯职业教育项目

中国政府与肯尼亚政府的职业教育合作始于 2013 年，中肯职业教育项目由中国企业发起。以中国援助肯尼亚的工程建设项目为基础，中肯职业教育项目以产教融合、校企合作为模式，强调多层次、双向交流。

中国政府以优惠性贷款的方式资助该项目，共两期，中国航空技术国

---

[1] 北京师范大学中国教育与社会发展研究院"一带一路"国家教育发展研究课题组. "一带一路"国家教育发展研究 [M]. 北京：北京师范大学出版社，2017：274.

[2] 中华人民共和国驻肯尼亚共和国大使馆. 驻肯尼亚大使刘显法出席蒙内铁路第一期铁路运营技术培训班毕业典礼 [EB/OL]. [2021-10-11]. http://ke.china-embassy.org/chn/sbgx/t1389509.htm.

际控股有限公司（以下简称中航国际）负责执行。在一期项目（2013—2017年）中，中航国际帮助肯方重点改造升级 10 所肯尼亚公立职业院校，累计对 1.5 万人次进行了机械工程、电子电工、汽修焊接、机电一体化等专业的培训。在二期项目（2017—2020 年）中，这种职业教育合作模式被推广到肯尼亚全境的 134 个职业教育机构，每年累计培训达 5 万人次。[1]

该项目合作内容包括为肯方职业教育院校提供最新的中国技术装备和仪器，派遣专家对肯方进行相关仪器设备的技术培训，评估肯方的课程体系和培训模式，以问题为导向研讨解决策略。随着合作的有序推进，项目效果日益凸显，教育质量得到了显著提升，毕业生就业率和市场满意度迅速提高。截至 2019 年 6 月，该项目已累计为 2 万多名肯尼亚工程师、学生和工人提供培训，为肯尼亚培养了一大批技术熟练、管理水平突出的维修、操作、工程监管人才。在该合作项目的影响下，中国企业自 2014 年起在肯尼亚举办非洲职业技能挑战赛，全程资助各参赛队伍，并给予成绩优异者奖励和资助，受资助者可前往北京航空航天大学攻读硕士学位。截至 2019 年 9 月，该挑战赛已举办 6 届，赛事影响力持续扩大。

中肯职业教育项目成效显著，产生了良好的职业教育合作示范效应，既缓解了肯尼亚技术技能人员短缺的问题，又促使肯尼亚周边的其他非洲国家重新审视本国的职业教育，积极探求职业教育合作机会。在中非合作论坛的支持下，中肯职业教育项目模式在其他非洲国家（如埃塞俄比亚、坦桑尼亚）陆续推广，中非人文交流合作向更深层次推进。

（三）鲁班工坊

鲁班工坊由天津市率先提出，以中国著名工匠鲁班之名命名，旨在传

---

[1] 罗恒，穆西米，刘清堂. "一带一路"倡议下职业教育国际合作模式探究——以中国-肯尼亚职教项目为例[J]. 比较教育研究，2018（9）：8.

播工匠精神，培养高水平技术人才，打造中国职业教育国际品牌。由天津城市职业学院、中国华为公司、肯尼亚马查科斯大学共同建设的鲁班工坊，是肯尼亚的首个鲁班工坊，于 2019 年 12 月 14 日在肯尼亚马查科斯郡揭牌运营，开设云计算和信息安全管理两个本科专业，学制四年。工坊以中国职业教育国际化教学为标准，采用工程实践创新项目教学模式。工坊内设有空中课堂、数据中心、云网融合和智慧城市四个教学区，除开设学位课程外，也为当地企业提供相关技术培训。[1]

截至 2022 年 5 月，另有浙江机电职业技术学院、九江职业技术学院、中航国际与肯尼亚多所职业院校共建的焊接技术鲁班工坊，东营职业学院与肯尼亚泰塔塔维塔大学共建的石油工程、石化工程鲁班工坊陆续揭牌，中肯双方共享相关领域先进理念和精湛技术，大力推进职业人才培养工作。项目启动以来运行良好，肯方表示将努力学习中国职业教育的先进理念和教学标准，培养优秀的肯尼亚技术人员。

四、文化推广活动

随着肯尼亚孔子学院的稳步发展，肯尼亚国民对学习中文、了解中国文化充满热情。同时，中国青年一代也同样需要了解肯尼亚，增强促进中肯友好交往的使命感。中肯双方也通过媒体和文旅活动，进行文化和教育交流。

例如，内罗毕广播孔子课堂将中文教学扩大到校园外，使更多的肯尼亚民众有机会学习和了解中国的语言和文化。该孔子课堂于 2007 年 6 月 8 日揭牌成立，由中国国际广播电台内罗毕调频台每天以节目的形式教学

---

[1] 储信艳，王小鹏. 肯尼亚鲁班工坊成立将为非洲培养信息技术人才 [EB/OL]. [2019-12-15]. https://baijiahao.baidu.com/s?id=1652957604693548866&wfr=spider&for=pc.

《汉语900句》。自开播以来，内罗毕广播孔子课堂使肯尼亚人民通过日常广播的形式了解了许多中国文化知识，促进了中肯人民生活交流。而"一带一路"中国艺术家走进非洲文化交流活动、"中肯艺术交流展与时装秀"等艺术交流活动，增进了中肯双方在美术、设计、民族艺术等方面的深入交流，既为相关艺术家、学者提供了专业交流机会，也提升了中肯双方人民群众的审美情趣。

综上可见，在中非合作论坛框架下，中国秉持教育对外交流合作原则，与肯尼亚协同推动中肯教育文化交流合作不断向多层次、多领域发展。

第三节 案例与思考

一、中肯科研合作案例

中国与肯尼亚的教育合作形式多样，内涵丰富。其中，中肯大学间的科研合作是中肯交流中值得重点学习和持续推进的范例。

（一）中–非联合研究中心

中国科学院中–非联合研究中心位于内罗毕乔莫·肯雅塔农业技术大学校园内，于2013年5月成立。该中心由中国科学院国际合作局主管，肯尼亚乔莫·肯雅塔农业技术大学负责非洲方管理，向整个非洲地区开放，与中国、坦桑尼亚、乌干达、卢旺达、埃塞俄比亚等国的科教机构联合，在生物多样性保护、地理与遥感、天然产物开发、农业、微生物和分子生物学等领域开展科学研究项目和人才培养工作。

该中心自成立以来，逐步完善基础设施，拥有占地面积 4 500 平方米的实验楼和 16.2 万平方米的植物园，为开展多边科研合作提供了良好基础，科研合作成效显著。一方面，在该中心的组织协调下，各合作单位已在非洲多国开展 30 余次野外考察，累计联合出版和发表 80 多项科研成果。另一方面，肯尼亚也因该中心而在科研及其成果应用推广、人才培养等方面获益良多。例如，玉米示范种植项目已经在肯尼亚连续开展 3 年；中国杂交水稻在肯种植产量是其本土水稻产量的 4—5 倍；成绩优异的肯尼亚学生获得中国政府奖学金，前往中国科学院攻读博士学位。

（二）中肯作物分子生物学联合实验室

中肯作物分子生物学联合实验室由中国科学技术部资助，南京农业大学和肯尼亚埃格顿大学联合承办，于 2016 年 2 月成立。该联合实验室是目前肯尼亚最先进的分子生物学实验室，旨在培养掌握现代生物技术的科研人才，开展作物科学和生物科学领域的研究。

该实验室的建立是中肯高校交流与合作的优秀成果。南京农业大学与埃格顿大学共同参与执行"中肯高等教育合作计划"和"中非高校 20+20 合作计划"，两校在 20 年的校际交往合作中积累了丰富的联合科学研究和长短期人才培养、培训经验，两校在筹建实验室的过程中已经开展相关技术装备使用培训工作，并就果蔬、中草药、茶等领域将开展的合作进行了讨论。

实验室以交流合作为宗旨，为肯尼亚高校师生服务，以期使更多的肯尼亚农业教育和研究人员受益于先进的中国农业技术和设备，实现合作共享。

二、问题与思考

教育交流合作是中肯人文交流的重要领域，是双边关系的重要组成部分。中肯文化教育交流成果颇丰，来华留学人数不断增加，肯尼亚的各孔子学院影响力持续扩大，职业教育项目增多，文化推广形式不断创新，高校科研不断深入。在此过程中，中肯两国应进一步互认、互通、互融，形成更精准、有效、多层次的教育交流与合作局面，并将新时期的国家发展需求与人才培养、科学研究紧密结合。

（一）关注留学质量，提升留学品质

在"一带一路"倡议下，肯尼亚来华留学生奖学金是促进中肯交流和鼓励肯方来华留学的重要措施。中国对肯设置来华留学奖学金名额逐年增加，越来越多的肯尼亚学生选择到中国学习。中国为肯尼亚来华留学生提供了充足的物质支持，创造了良好的学习环境，使其留学成本大大降低。然而肯尼亚并未居于中国留学生来源国前列。以奖学金吸引肯尼亚学生来华留学的可持续性欠佳、来华留学学生质量不一、部分肯尼亚来华留学生中文水平不佳等问题急需解决。为提升来华留学生教育质量，2018 年，中国出台《来华留学生高等教育质量规范（试行）》，因而，未来肯尼亚来华留学生将面临培养过程中的质量要求提高和毕业要求提高的挑战。

留学生是国家间教育交流合作的重要参与者，中肯双方应从留学准入、留学过程和留学准出三方面着手，共同协商，关注留学质量。一是严格选拔留学生，借助孔子学院组织来华留学中文考试后、来华前的语言培训，保证来华肯尼亚留学生的语言能力。二是中方院校可与肯尼亚院校或教育部门落实《来华留学生高等教育质量规范（试行）》，制定适合肯尼亚国家人才需求的、中方可以调控的教育质量标准，使学校和留学生在教学和学

习过程中有据可依，有章可循。三是严把毕业关口并做好毕业生调查和校友服务工作，关注留学生的反馈，以便及时跟进对肯留学服务工作，提升肯尼亚留学生在华留学体验。

（二）发挥孔子学院的桥梁作用

孔子学院是中肯教育和文化交流的重要平台，为中肯双方增进了解搭建了桥梁。肯尼亚孔子学院发展应服务中肯双主体。在服务中方方面，当前越来越多中资企业是中肯全面合作的重要参与者，也是肯尼亚社会经济发展的重要贡献者，孔子学院应保持与在肯中资企业的紧密联系，协商签订孔子学院优秀毕业生优先录用等合作协议，为中资企业输送优秀人才，提供文化交流服务。孔子学院总部可向肯尼亚提供有针对性的政策支持和实践指导，结合实际情况进行探索和创新。通过开放合作，提高孔子学院人才供给能力；以市场为导向，组建特色教师队伍、开发特色教材、开设特色课程；通过资源整合，实现孔子学院和各支撑力量联动发展，促进孔子学院与当地社会的互利包容，在中肯共建、共赢、共享中促进文化交流和文明互鉴。[1]

在服务肯方方面，肯尼亚的4所孔子学院各具特色，服务定位明确，应继续深化兼顾学术性和职业性的专业合作方式，拓展合作广度和深度。孔子学院当前的大多数交流合作聚焦肯尼亚的中等后教育和高等教育，较少关注肯尼亚的基础教育，在肯孔子学院可立足肯尼亚国家基础教育发展实际需求，建立合作关系。例如，积极开发中文教材，响应肯尼亚政府提出的中小学增设中文选修课的号召。截至2019年，内罗毕大学孔子学院与肯尼亚课程改革发展委员会已经完成了小学四年级和五年级的教学大纲编制

---

[1] 高莉莉. 非洲孔子学院人才培养和可持续发展的思考 [J]. 天津职业技术师范大学学报，2019，29（1）：69-73.

工作，内罗毕大学孔子学院还承担了培训肯尼亚本土中文教师的任务。其他孔子学院也可以在各自领域，如农业、植物、纺织、设计等领域，依据肯尼亚课程体系和学习者的身心发展规律制定课程大纲，编写教材。

（三）持续加强中肯农业技术与人才交流

确保粮食安全是肯雅塔总统提出的四大施政重点之一，而培养高级农业人才和促进农业技术进步起着关键作用。从已有的中肯教育交流合作可见，农业方面的交流合作已取得了许多喜人成果，中肯可以继续加强在农业领域的科研合作和人才培养合作。中国可继续颁发大使奖学金，遴选肯尼亚来华的种植、畜牧等专业定向委培生，也鼓励中国高校和研究所设立对肯留学专项计划，派送中国农业硕士生、博士生前往肯尼亚开展农作物、畜牧等领域的研究和实验工作。

中肯农业交流合作应该注重惠及更多的肯尼亚人民，协助肯尼亚政府解决偏远地区、干旱半干旱地区人民的农业需求。把中-非联合研究中心的玉米、水稻等种植技术推荐给肯尼亚农民，开展面向农民的移植和种植技术培训，办好肯尼亚人民满意的中肯农业合作。

（四）丰富职业教育与技术培训合作的内容

2007年，非洲联盟制定的《非洲职业技术教育与培训振兴战略》提出，加强非洲职业技术教育与培训项目的吸引力，推行高质量的非洲职业技术教育与培训项目，整合现有资源，实行一体化管理，保障学员的就业率。[1]在此背景下，尽管中肯双方积极地、持续地开展职业技术教育与培训合作，

---

[1] 吴书敏. 非洲基础教育一体化发展战略的研究 [D]. 金华：浙江师范大学，2018：30.

但双方已有的合作更偏向于中方对肯援助，双向合作较少。同时，现有的合作以短期技能培训为主、长期职业技能教育为辅，培训项目缺乏系统性，技能学习缺乏延续性。如中方企业投资的大型铁路、建筑工程建设项目是技能培训的立足点，企业内部和施工现场是培训的主要场所，很少利用学校及教室，因此，培训内容较为零散随机，缺乏系统性；投资项目完成后，技能培训也随之结束，培训持续性有待加强。

在振兴非洲职业教育的背景下，双方应进一步丰富职业教育合作交流的内容，除重点开展基建、农业等学科领域的职业教育合作外，还应进一步加强纺织、服装设计、鲜花副产品研发、木雕等方面的技术交流与合作。另外，中肯职业教育合作应加强顶层设计，以长期合作机制为保障，侧重技术资源共享和综合服务能力培养；及时总结典型合作项目的成功经验，鼓励中肯双方政、校、企、社的多方参与推广，协同促进中肯职业教育合作的可持续发展。

结　语

肯尼亚是人类的发源地之一，历史悠久、文化深厚。在欧洲殖民者入侵之前，肯尼亚内陆地区居民主要通过亲身示范和口头讲述的方式向年轻一代传授农耕、放牧、捕鱼等方面的知识和技能，使年轻人掌握从事某项生产活动的能力。这种口耳相传的教育方式既保存了长辈们的生产生活经验，有利于提升部落的生产效率，又保留了不同部落族群的语言和文化。

自1963年独立以来，肯尼亚政府始终在探索教育发展之路。进入21世纪以来，肯尼亚开始制定各种教育发展规划，以问题为导向，不断调整各部门的教育发展战略。经过多年探索，肯尼亚在教育事业各领域取得了一定的成就，各级各类教育具有如下特点。

学前教育具有一定的强制性。2021年4月9日，肯尼亚颁布的《幼儿教育法》第5条和第41条分别规定，"每个肯尼亚儿童都有在公立教育机构接受免费的义务幼儿教育的权利"，"年满4岁、未满6岁的儿童有资格进入公立教育机构"。尽管《幼儿教育法》发布较迟，但肯尼亚在学前教育方面早有准备。2014年启动的国家基础教育课程改革要求，完成学前教育一至二年级的课程标准开发工作。同时，肯尼亚政府在教育机构建立、教材选择、经费保障和师资队伍建设上也为免费义务学前教育做了相应的准备。

基础教育领域正在大力确保普及率，并开始重视教育质量。基础教育依托《国家教育部门战略规划》和《基础教育年度报告》不断推进实现规划目标的进程。此外，在规模扩张中开始关注教育质量，提出能力本位的课程改革，基础教育课程改革兼顾了学生发展的共性与个性，着重对学生进行语言和数字素养教育。例如，英语和斯瓦希里语为必修，土著语言、阿拉伯语、德语、法语、中文等为选修，这样的培养方案既使学生掌握了全球化发展的通用语言，又体现了肯尼亚族群语言多样化的特点。

高等教育与基础教育不同，由大学教育委员会专门负责，这在一定程度上保障了高等教育的办学自主权和学术自由。肯尼亚公立高等院校和私立高等院校发展情况差异较大，虽然私立高等院校迅速发展，但公立高等院校在制度建设、教育教学管理、学科体系、课程项目、师资队伍、基础设施等方面仍有绝对优势。近年来，高校在推进教育公平和性别平等方面做出了极大的努力，《大学教育战略规划》在学生入学、奖助学金发放、专业设置等方面均有针对女性的优惠政策。

肯尼亚是非洲较早关注并重视职业教育的国家之一，职业教育早在21世纪之初就被规划进国家教育优先发展战略。肯尼亚积极向外国学习借鉴。在中国"一带一路"倡议下，肯尼亚多次组织相关人员到中国实地考察学习，借鉴中国职业教育发展的经验并及时应用于本国实践，解决自身职业教育发展的相关难题。例如，宁波财经学院职业教育信息化建设方法、山东科技职业学院和江苏常州机电职业技术学院的相关实践经验都已经应用于肯尼亚职业教育领域。

在成人教育方面，肯尼亚政府巧用本国语言多样化的国情，因地制宜进行语言教学。同时，因深受国际先进理念影响，肯尼亚在教育政策和国家发展规划中已经转变话语体系，提倡终身学习的成人和继续教育。

肯尼亚教师教育发展最突出的特点是重视职前培养和在职培训，并且专门成立了管理机构以服务教师发展。教师招聘、资料审核等工作均已在教师服务委员会网站上实现了网上办公，这在非洲是十分难得的。同时，肯尼亚也意识到自身教师教育发展存在的问题，正在积极提升教师教育学历层次和完善资格证书体系。

多年来，文化教育在中肯发展双边关系过程中发挥了关键的作用。文化教育交流加强了两国人民的民心相通，增进了两国的相互了解，增强了互信交往。进入 21 世纪以来，中非合作论坛和"一带一路"倡议为中肯两国在新时期进一步巩固与提升传统友好关系提供了更广阔的发展平台。未来两国将在现有成果的基础上，从以下四个方面加大互利合作的力度。

一是深化合作内涵。中国与肯尼亚在高等教育和职业教育领域的合作办学、教育交流已较为成熟，还应向深、向广挖掘。立足当前肯尼亚各级各类教育发展需求，中国有能力与肯尼亚在基础教育课程改革、教师教育与在职培训、教师资格体系建设、教育信息化建设、高等教育科研上加深合作。例如，肯尼亚基础教育课程改革方案中设有中文选修课，中方在肯尼亚的 4 所孔子学院可以参与相关教学工作。

二是聚焦教育发展关键问题。当前，教师队伍建设是肯尼亚教育发展面临的最严峻挑战之一，各级各类教育普遍存在师资短缺、教师参与度和积极性不高、教师教育教学水平低、教师学历层次不高、国家缺乏教师培训课程等问题。中国在师范生培养模式、教师聘用制度、教师福利提升政策等方面积累的丰富经验，可以分享给肯尼亚，也可以由中国的师范大学和综合大学师范专业与教育部援外基地协同开办教师培训班，开发教师培训课程，帮助提升肯尼亚的教师教育水平和在职培训能力。

三是鼓励中国企事业单位及个人参与肯尼亚学前教育发展。儿童是国家的未来，肯尼亚在普及学前教育时，其经费常捉襟见肘，大部分肯尼亚儿童处境不利，缺少基本的学习资源。中国可鼓励中国儿童捐赠自己过剩的教育资源，如书写工具、旧书等；中国制造行业企业家可以品牌的名义在肯尼亚幼儿园建立基金会，点对点实施援助，关爱儿童成长。

四是加强高等教育科研合作。肯尼亚提出促进大学科学研究及其成果转换、服务社会经济建设的目标。与肯尼亚的高等教育科研合作既可通过留学、访问等方式在肯开展研究，也可以增加面向肯尼亚硕博士生的招生名额，鼓励肯尼亚大学生来华留学，共享资源，专心科研。同时，中肯高等教育合作应注意审慎选择合作项目，落实对项目的监管和问责工作，以提高科研和项目的可持续发展能力。

参考文献

一、中文文献

北京师范大学中国教育与社会发展研究院"一带一路"国家教育发展研究课题组."一带一路"国家教育发展研究 [M]. 北京：北京师范大学出版社，2017.

本书编写组. 习近平总书记教育重要论述讲义 [M]. 北京：高等教育出版社，2020.

布朗. 肯雅塔 [M]. 史宙，译. 上海：上海人民出版社，1976.

陈逢华，靳乔. 阿尔巴尼亚文化教育研究 [M]. 北京：外语教学与研究出版社，2021.

陈公元，唐大盾，原牧. 非洲风云人物 [M]. 北京：世界知识出版社，1989.

冯增俊，陈时见，项贤明. 当代比较教育学 [M]. 2 版. 北京：人民教育出版社，2015.

高晋元. 肯尼亚 [M]. 北京：社会科学文献出版社，2004.

顾明远. 顾明远教育演讲录 [M]. 北京：人民教育出版社，2014.

国家信息中心"一带一路"大数据中心."一带一路"大数据报告（2017）[M]. 北京：商务印刷馆，2017.

何芳川，艾周昌，陆庭恩，等. 非洲通史 [M]. 上海：华东师范大学出版社，1995.

贺国庆，朱文富，等. 外国职业教育通史 [M]. 北京：人民教育出版社，2014.

黄雅婷，塔吉克斯坦文化教育研究 [M]. 北京：外语教学与研究出版社，2021.

教育部课题组. 深入学习习近平关于教育的重要论述 [M]. 北京：人民教育出版社，2019.

克莱因. 20 世纪非洲文学 [M]. 李永彩，译. 北京：北京语言大学出版社，1991.

李洪峰，崔璨. 塞内加尔文化教育研究 [M]. 北京：外语教学与研究出版社，2021.

李新烽，邓延庭，张梦颖. 中国与肯尼亚友好合作 [M]. 北京：中国社会科学出版社，2018.

刘辰，孟炳君. 阿联酋文化教育研究 [M]. 北京：外语教学与研究出版社，2021.

刘迪南，黄莹. 蒙古国文化教育研究 [M]. 北京：外语教学与研究出版社，2021.

刘捷. 教育的追问与求索 [M]. 北京：人民出版社，2021.

刘捷. 专业化：挑战 21 世纪的教师 [M]. 北京：教育科学出版社，2002.

刘进，张志强，孔繁盛. "一带一路"高等教育研究（2019）：国际化展望 [M]. 北京：北京理工大学出版社，2020.

刘生全. 教育成层研究 [M]. 北京：教育科学出版社，2011.

刘欣路，董琦. 约旦文化教育研究 [M]. 北京：外语教学与研究出版社，2021.

卢晓中. 比较教育学 [M]. 北京：人民教育出版社，2020.

陆庭恩，彭坤元．非洲通史·现代卷 [M]．上海：华东师范大学出版社，1995．

陆有铨．教育的哲思与审视 [M]．北京：人民教育出版社，2016．

秦惠民，王名扬．高等教育与家庭流动 [M]．北京：科学出版社，2019．

秦惠民．教育法治与大学治理 [M]．北京：人民出版社，2021．

任钟印．东西方教育的覃思 [M]．北京：人民教育出版社，2017．

沈镭．肯尼亚国家地理 [M]．北京：科学出版社，2019．

石筠弢．学前教育课程论 [M]．2 版．北京：北京师范大学出版社，2014．

世界银行政策研究．撒哈拉以南非洲教育政策——调整、复兴和扩充 [M]．朱文武，皮维，张屹，译．杭州：浙江大学出版社，2008．

孙丽华，穆育枫．非洲部族文化纵览：第 1 辑 [M]．北京：知识产权出版社，2015．

孙有中．跨文化研究论丛．第 3 辑 [M]．北京：外语教学与研究出版社，2020．

滕大春．教育史研究与教育规律探索 [M]．北京：人民教育出版社，2019．

万秀兰，李佳宇，等．非洲教育一体化发展战略研究 [M]．杭州：浙江大学出版社，2020．

万秀兰．肯尼亚高等教育研究 [M]．北京：中国社会科学出版社，2009．

王承绪，顾明远．比较教育 [M]．5 版．北京：人民教育出版社，2015．

王定华，秦惠民．北外教育评论：第 2 辑 [M]．北京：外语教学与研究出版社，2021．

王定华，杨丹．人类命运的回响——中国共产党外语教育 100 年 [M]．北京：外语教学与研究出版社，2021．

王定华．教育路上行与思 [M]．北京：人民出版社，2020．

王定华．美国高等教育：观察与研究 [M]．2 版．北京：人民教育出版社，2021．

王定华. 美国基础教育：观察与研究 [M]. 2 版. 北京：人民教育出版社，2021.

王定华. 新时代高品质学校建设方略 [M]. 长春：东北师范大学出版社，2019.

王定华. 中国基础教育：观察与研究 [M]. 北京：人民教育出版社，2021.

王定华. 中国教师教育：观察与研究 [M]. 北京：人民教育出版社，2020.

王吉会，车迪. 刚果（布）文化教育研究 [M]. 北京：外语教学与研究出版社，2021.

王晶，刘冰洁. 摩洛哥文化教育研究 [M]. 北京：外语教学与研究出版社，2021.

王名扬. 美国公立研究型大学内部质量改进的实证研究 [M]. 北京：中国社会科学出版社，2020.

吴式颖，李明德. 外国教育史教程 [M]. 3 版. 北京：人民教育出版社，2015.

习近平. 论坚持推动构建人类命运共同体 [M]. 北京：中央文献出版社，2018.

习近平. 习近平谈“一带一路”[M]. 北京：中央文献出版社，2018.

谢维和. 我的教育觉悟 [M]. 北京：人民教育出版社，2016.

徐辉. 国际教育初探——比较教育的新进展 [M]. 2 版. 成都：四川教育出版社，2005.

杨汉清. 比较教育学 [M]. 3 版. 北京：人民教育出版社，2015.

苑大勇. 国际高等教育协同创新与人才培养比较研究 [M]. 北京：知识产权出版社，2020.

张方方，李丛. 安哥拉文化教育研究 [M]. 北京：外语教学与研究出版社，2021.

张廷玉，徐元文. 明史·列传卷 326–329[M]. 武汉：湖北崇文书局，1877.

郑通涛，方环海，陈荣岚. "一带一路" 视角下的教育发展研究 [M]. 广州：世界图书出版广东有限公司，2017.

周倩. 当代肯尼亚国家发展进程 [M]. 北京：世界知识出版社，2012.

周亚东. 非洲常见植物野外识别手册：肯尼亚山 [M]. 武汉：湖北科学技术出版社，2018.

朱睿智，杨傲然. 莫桑比克文化教育研究 [M]. 北京：外语教学与研究出版社，2021.

二、外文文献

BOGONKO S N. A history of modern education in Kenya (1985–1991)[M]. Nairobi: Evans Brothers Kenya Limited, 1992.

East African Standard. The East African red book[M]. Nairobi: East African Standard, 1925.

ESHIWANI G S. Education in Kenya since independence[M]. Nairobi: East African Educational Publishers, 1993.

JOMO K. Facing mount Kenya, the tribal life of Gikuyu[M]. London: Secker and Warburg, 1953.

OCHIENG W Y. History of Kenya[M]. Nairobi: Macmillan Kenya Publishers, 1985.

PAUL P W, ACHOLA V K, PILLA I. Challenges of primary education in developing countries: insights from Kenya[M]. London: Taylor and Francis, 2016.

STEWART J, HERMANS J, CAMPBELL B. Orchids of Kenya[M]. Portland: Timber Press, 2003.